子どもの心に光を灯す

父母と教師はいま何をなすべきか

東井義雄
toui yoshio

致知出版社

子どもの心に光を灯す——目　次

父母と教師は　今何をどのように

父親は何をなすべきか　母親は何をなすべきか

装　幀――川上成夫
編集協力――柏木孝之
書――東井義雄記念館蔵

父母と教師は　今何をどのように

はじめに

ただ今ご紹介をいただきました兵庫から参りました東井でございます。

兵庫県と申しますと、神戸とか、尼崎《あまがさき》だとか、明石だとか、姫路だとか、ああいう地方をお考えくださる方があるかもわかりませんが、私のほうは、中国山脈の北側、日本海に面しました山の中でございます。

今、大変ありがたいご紹介をいただいたわけですけれども、人間というものは、一目面《ひとめつら》を見ますと、大体どれくらいの代物《しろもの》かということが、ちゃんとわかることになっているものでございまして、お見かけの通り貧弱な存在で、風袋《ふうたい》ごと計りましても四十五キロあるなしでございます。

数年前、広島県のＰＴＡ大会の講演を依頼いただいてお世話になったことがございますが、雪の降る寒い日でございました。広島から帰りましたら、封書をいただきまして、封を切ってみましたら、近頃次々に色々な本を書いている東井という男が兵庫県から来るそうだ、と言うので聞きに行ってみたら、貧弱な男が来とって、この寒いのに来て損した。帰ろうかなと思ったが、折角《せっかく》来たんだからと思って我慢《がまん》して聞いてやった。

というような書き出しで、礼状かなんかわからんような手紙もらっとりました。情けなくなって、家内に手紙を見せまして、「なんかもう少し賢そうに見えるようにならんもんかいな」と申しましたら、

「たまに講演聞きに集まる人はよろしいわ。二時間か、長うても三時間ぐらいのもんですワ。私の身になってみなさい」（笑声）

ということでございました。

今日も、校長先生にだまされて、折角お忙しい中お集まりくださって、来てみたら、風袋ごと四十五キロの貧相な男が来とって、「今日は失敗かなァ」と思っていらっしゃる方がだいぶあちこち見える気がして、気がひけるんです。

まあこういう面《つら》をながめて一生涯を送る女もこの日本に住んでいるんや、ということでお許しをいただきたい訳です。（笑声）

それにしましても、昔から路傍《みちばた》ですれちがって、袖《そで》がふれ合うくらいの縁でもこの世に生まれてからぐらいのご縁ではできないことだ、と言われているのですが、こうやって、生徒さん大勢にお出会いさせていただき、本当に真剣にとりくんでくださってる先生方にお出会いをし、そして、親御《おやご》さん方にお出会いさせていただき、本当にしあわせなことだと思います。

粗末な出会い

私、近頃どこへ行っても申し上げていることなんですが、近頃世の中が忙しすぎるためでしょうか、人間の出会いが粗末《そまつ》になっているのではないでしょうか。

一昨年の夏でございました。棟方志功《むなかたしこう》先生なんかと一緒に、日本的な版画のい

いお仕事をなさってる、長谷川富三郎《はせがわとみさぶろう》先生という方が著書を送ってくださいました。読ませてもらっておりましたら、

「あなたは、毎日食べているご飯の、お茶碗《ちゃわん》の模様が言えますか？」

と、ございました。

はてな？　わしの茶碗の模様はどんなやったかいな、字が書いてあったようにも思うし、絵が書いてあったようにも思うんですが、毎日食べているご飯の茶碗の模様を思い出せません。

わしだけこんなにボンヤリしているんだなァ、と思いました。

久しぶりに家へ帰って、家内《かない》に、「お前のご飯の茶碗の模様を言うてみい」と申しましたら、「さあ……」。亭主がボンヤリだと、女房もボンヤリ。夏休みで息子が帰って来とりました。夕飯の時、息子の茶碗をとって、「お前の茶碗の模様を言うてみい」と申しましたら、「さあ……」。親がボンヤリしとると、子どももボンヤリしとる。毎日キスしながら、相手の模様が言えない、なんとわしの腕は、よう人の茶碗と間違えんことだ。粗末な出会いでございます。

人間の出会いも、こういうことになってきているんじゃァないでしょうか。

一昨年三月、四十年間の教員生活を引かしていただきましたが、お世話になっとりました八鹿《ようか》小学校の六百人ばかりの子どもの成績、一人ひとり見せてもらいながら、これで子どもの成績を見せてもらうのもおしまいだなァ、と思って、ていねいに見せてもらったんですが、

「この子はもっと伸びてくれると思ったけどなァ」

「この子も存分に伸ばさないで終わってしまうのか」

と、そんな風につぶやいてますと、担任の先生が、

「今、お父さん、お母さんの別れ話が持ち上っているんです……」

「お母さんが蒸発《じょうはつ》なさったんです……」

「お父さんがいい人こさえてて、家に帰らないんです……」

僅《わず》か六百人ばかりの子どもの家庭で、十組近くそんなのがあります。お父さんお母さんの出会いが荒れてきているんじゃぁないでしょうか。

私のほうだけかと思ってましたら、過日、トヨタ自動車の、愛知県の豊田の幼稚園に行きましたら、あの辺でも、お母さんの蒸発が増えている。離婚話が次々起きているんだと聞きました。因島《いんのしま》はそんなことないでしょうね。

これがてきめんに子どもに影響するんです。

子どもをダメにしようと思ったら、お父さんお母さんの出会いをダメにするのが、速効薬です。

中学生の書いた作文がございます。

「僕は、大人のけんかぐらい訳のわからないものはないと思う。七不思議の一つだ。なんでもないつまらないことではじまるけんか。

〈子どものけんかもつまらんことではじまりますが、大人のけんかだってあまりつまるものは少ないようであります。私らのほうで、嫁に沢庵《たくあん》切らしたら、尻《し》っぽ沢山《たくさん》ほかしてある。ご飯なべ洗わしたら、ご飯粒《つぶ》なんぼつぶ流しよったとか、大体それに似たようなことです。

その起こりは疾風《しっぷう》の如《ごと》く、伊勢湾台風の如くです。とんでもないところまで発展する〉

僕のうちではよく夕飯の時起こる。沢庵が一つ一つよく切れていないと言って、お父さんがブツブツ言うと（どんなご利益《りやく》があるか）、お母さんが、「あんたの月給、いくらだと思うとんですか！」そんなふうにはね返ってきます。するとお父さんは、荒々しい声で（最初はブツブツでしたが）、「お前の世帯持ちが悪いからだ！」などと言う。

〈伊勢湾台風発生いたしました〉

あんなすり減ったまな板の上で、切れない包丁《ほうちょう》で切れる訳がない。沢庵がつながっているのは当り前なのに、とんでもないことでけんかになる。

〈私はそういうこと余り気の付かない性分の男ですが、この作文読みまして念のためにうちのまな板調べてみましたら、えらいくぼんでいまして、うちの沢庵がよくくっついているのはこちらにあった。水石という町の荒物屋さんで安いの買って帰りましたら、「まぁ、私がお世話になってから三十何年になりますのに、こんな気が利《き》きなさったのは初めてですわ」と家内がほめてくれよりました〉

その上あきれたことに、

「そもそもあの時、柳の木の下でお前と会わんけりゃこんなことにならなかった」

などと言い出す。すると片方も負けずに、

「私だってあの時、貴方《あなた》と柳の木の下で出会ったのがふしあわせのもとだった」

などと訳のわからないことを言い返す。そんな時は、妹はプイと立って机に向かって本を読むような様子だが、同じページをながめているだけで、頭に入らないらしい。僕はソッとぬけ出し、近所の友達の家《うち》へ行って、おそくまで遊んで来ることにしています（これがブツブツのご利益《りやく》です）」

すぐ子どもに影響するんですね。いい子に育てたかったら、お父さんお母さんの出会いをもう一度ご検討いただきたいと思います。

小学校三年生の女の子が書きました詩に、

お父ちゃん、
お母ちゃんとお金とどっちがいい？
そりゃ母ちゃんさ。
一億円でも？
うん。

百億円でも？
うん、母ちゃんはお金には換えられない。
ほんと？
（母ちゃんとけんかして追い出そうとしても、
心ではやっぱりそう思ってるんだナ）
私はうれしくなって、
やっぱりネ。
と言って、父ちゃんの肩をたたいてやった。

こういう父さんがいてほしい訳です。夫婦の間ですから、きれいごとやろうと思ったってできません。
時には「出て行けッ」て言うことも、やむを得ないかと思うんですが、肚《はら》の底には、百億の金にも換えることはできないという思いをお父さんにお願いしたいのです。

別の三年生の女の子は、

お客さんが帰らはった。
タバコの煙で紫色のへや、
お母さんがガラス窓あけたら、
空気がきれいになった。
私は白と黒の碁石《ごいし》をわけた。
「カナワンナ父ちゃんは
遊んだあとおもちゃも片づけんと……」
お母ちゃん怒ってんのやろか
「うんとこしょ」
碁盤《ごばん》をおもちゃやと言って笑ってる。
やっぱりお父ちゃんのことは怒れへんのやな。

ちゃんと通じるんです。お父さんとお母さんの出会い、ご検討なさってください。茶碗との出会いのようにならんように……。

足裏揉みを通じて出会う

こんな偉《えら》そうなことという私自身、家内との出会いがどうなっているか。ずいぶんこれもお粗末になっているようです。

昨年三月、熊本県の八代《やつしろ》市からお招きいただきました。八代の町に、偉い先生がいらっしゃいますね。

徳永《とくなが》（康起《こうき》）先生、この学校にもお見えになったそうですねぇ。

あの先生、年中三時には起きて、きびしい勉強なさっていらっしゃる。それは聞いておりました。一緒に泊めてもらいました。

この先生、年中三時には起床という話だが、と思っておりましたが、私は横《おう》着《ちゃく》ですから目を覚《さ》ましながら、寝床《ねどこ》の中でましましやっておると、三時になるとパッと起きて、正座なさって合掌《がっしょう》しておられる。恥《は》ずかしくなって、寝床の中でもぞもぞやっておりました。

私が目を覚ましていることに気付かれたんでしょうか、

「東井先生、目を覚ましておいでのようですが、うつぶせになってください」

「何をなさるんですか？」

「まあだまってうつぶせになってください」

と仰言《おっしゃ》るもんですから、寝床の上にうつぶせになりました。

「これから貴方の足の裏を揉《も》ませてもらいます」

「足の裏なんか揉んでもらわなくても結構です。それに、先生のような偉い方に足の裏なんか揉んでもらったりなんかすると、足の裏がはれてしまいます。こらえてください」

「こらえません。東井先生は偉そうに言うても、奥さんの足の裏揉んだことないでしょう」

「はい、ありません」

「それじゃあ許せません。今日私が揉んだのとおんなじようにして、明日お家《うち》にお帰りになったら、一度奥さんの足の裏揉んであげなさい」

言われてみたら、家内の足の裏なんか揉んだことございませんから仕方がない、揉んでもらう覚悟《かくご》を決めてうつぶせになりました。

「東井先生、ひとの足の裏揉ませてもらう時には、まず合掌して、拝《おが》んでから揉ましてもらうんですよ」

と仰言って、私の足の裏拝んでくれるんです。

「やめてください、ほんまに」

「いや、こうしてやらしてもらうんです」

それから、親指の指の先から、どの指もどの指もていねいに揉んでくれるんです。指と指との間もていねいに揉んでくれる。土踏《ふ》まずの所は、「足心《そくしん》」いうんだそうですが、

「ここをこう押すと、腹にこたえてくるでしょう、腹の働きが良うなるんですよ」

と仰言って、ていねいにていねいに揉んでくださる。

もうやりきれない思いだったんですが、あくる日家《うち》へ帰りましたら、夜中の一時を過ぎとりました。

でも、久々ぶりに帰って来るいうんで、家内《かない》がまだ寝ずに待ってくれておりましたから、座敷《ざしき》に上るなり、

「お前すまんけどうつぶせになってくれ」

「何をなさるんですかいな」

「まあだまってうつぶせになれ」

家内が妙な顔をしながらうつぶせになりました。

「これからお前の足の裏を揉ましてもらうからな」

「足の裏なんか揉んでもらわんでも結構です。もうこんなにおそいのに、早よう休んでください」

「いや、どうしてもお前の足の裏揉まんならんことになってしもうたんや」と申しまして、いやがる家内の足を押さえたんですが……、徳永先生、はじめに拝むんや、と仰言った。（笑声）

こんな足、拝む値うちもないと思いましたが、大急《いそ》ぎで拝む格好だけしといて、足を抱《だ》き、足袋脱《たびぬ》がしましたら、ギョッとしました。

家内もらって三十八年目、家内の足の裏見たん初めてです。もうちょっとは可愛《かわい》らしい足の裏しとるんじゃと思いましたら、まあなんとガメツイ足の裏でしょう。（笑声）

熊の足の裏というのは見たことございませんが、熊の足の裏はこんなんやろかなァ、と思うような、指の広がったガメツイ足の裏なんです。

町の寺の娘に生れて、大事に育てられた家内でした。家に来た時には、もう少しは可愛らしい足の裏をしてたんかもわからんのですが、山奥の私の家へやって来て、毎日毎日、けわしい山道を薪木《たきぎ》を背負いに通い、山道いっぱいにひろがっている岩を、すべらんように、指の先に力を入れて、踏みしめ踏みしめ三十何年歩いているうちに、こんな足の裏になってしまったんやないかいな、畑に何が育っているのか知りもしないで、出歩いてばっかりいる私に代わって、畑を耕し、作物をつくり、肥やしを運びやってるうちにこんな足の裏になったんかなァ、思いました。

気が付いた時には、本気で手を合わせておりました。初めて本当の家内に出会った気がしたんです。

そして、ひょっとしたらこの女、わしのために生まれてくれた女と違うんかいな、そんなことが思われてきました。

足の裏を揉んでやりながら、三年前に亡くなった義理の母は、小学校一年に入ったばかりの五月に亡くなった私の母と代わって、私と私の妹と、二人の義理の子どもを、貧乏のどん底の中で、五十年間にわたって育ててくれた。母の足の裏を揉んでやるどころか、どんな足の裏をしているのか確かめることもなく山へ送ってしまったのだ。

今度、三年の法事つとめる時には、母の五十年の苦労を想い、足の裏思いながら法事つとめさせてもらわないかんな、と思わずにはおれなかったんですが……。

顔と顔とが出会っても、そんなのは出会いのうちには入らないんですね。

長い間自分を支えてくれた、その苦労があったと、わかってこなきゃあ出会ったことにはならんのですね。

おじいさん、おばあさんとの出会い

おうちの中で、おじいちゃんおばあちゃんとの出会いはどうなっているでしょうか。

一昨年の秋、丹波《たんば》の老人会からお招きいただいて、お昼を一緒にいただいておりましたら、足の不自由そうなおばあちゃんが、にじるようにして寄って来て、

「先生なァ、年が寄ったらあきまへん。家の留守番したり、孫の守《もうり》したりするよ

うなことは、するようにしとりますが、それでも、若いもんが勤めに出る時、ひと言、『これから行って来ます。お願いします』言うてくれたらどれくらい嬉しいかわかりゃあしませんが、だあまって出て行きますらぁね。ほいて、出がけに、『ポチ行ってくるで』。犬には挨拶して行きます。（笑声）こちらじゃったら挨拶もしてもらわれへん」

と泣きごと仰言っていたおばあさんがある。

豊田市のおばあちゃんでした。

「嫁がカルピス呼んでくれるのはええんですけど、子どもらにやるのを見とると、コップの中に、カルピスぎょうさん汁《しる》入れて、水ちょっと入れてやりようるが、わしにくれるのは、汁がちょっとで水をようけ入れてくれる」

と聞かしてくれました。

湯村温泉の温泉場のじいちゃんが、この夏、

「夏休みなんか、テレビなんか見させてもらわりゃしまへん。子どもが朝から晩までチャンネルひねり回して、……部屋の隅で、すねぼん抱えてションボリとしてますわィ。

そないな時、せめて嫁が、『おじいちゃんにも見てもらえヤ』言うてくれたら、可愛い孫のことです、『お前見いみい、おじいちゃんはええわィ』言うんです。でも、淋《さび》しい者がそこに居ても、『居るか』とも言うてもらえんことが淋しいですわィ」

と聞かしてくれました。

そういう淋しい人がおいてきぼりになっておりますと、人の淋しさも悲しさもわからん〈人でなし〉が何時《いつ》の間にか育って、そういうのが大きくなると、学校をたたきこわしたり、人を殺しても胸の痛みも感じられない奴になって行くんです。

連合赤軍派の連中の中に、兄弟同士殺し合ったというのがあったでしょう。あのお父さんは熱心な教育者であり、お母さんも熱心な方だったんだそうですが、八十何才の病気のおばあちゃんがあったと聞きました。

病気がつらいもんですから、ウンウンうめいておられる。うめき声が聞えては勉強の邪魔《じゃま》になるというので、おばあちゃんを別棟に隔離《かくり》しました。うめき声が聞えんようにして、勉強勉強言うておられたんだそうですわ。

だから、立派な大学に行けるようになったんでしょうけれど、あんな惨酷《ざんこく》な仕方で兄弟同士殺し合わなきゃあならんような人間に育ってきてしまった訳ですね。そういう土づくりの家庭の中で行われたということのようです。

親子の間

親と子の間は、血のつながった間ですから、これは大丈夫かもしれませんけれど、これも少し荒れているんじゃぁないでしょうか。いつかＮＨＫの「朝の人生読本」の時間に申し上げましたように、（あるいはひょっとして聞いてくださった方があるかもしれませんが……）春の遠足に、五年生の子どもについて行きました。お昼になって子どもたちが弁当開いたのを見て回って、悲しくなりました。あちらにもこちらにも、八鹿《ようか》の町のお寿司屋さんで買った巻き寿司を持たしてもらってる。

毎日学校の給食いただいているんだから、遠足の弁当ぐらいなぜお母さん、心こめて弁当つくってやってくれんのか、残念でなりませんでした。

間もなく六年生の修学旅行が行われましたが、旅行の計画立ててもらったのを見ますと、「一食弁当持参」ということになっておりましたので、お母さん方に集まっていただいてお願いしました。

「今度の修学旅行の弁当、もう巻き寿司止めにしてください。お母さんの忙しいのはよく知っておるつもりです。しかし、子どもには大事な修学旅行なんです。いつもより早く起きて、ご飯を炊《た》いて、しっかり性根《しょうね》を入れてぎゅうっとにぎったおむすびを持たしてください。そして、忙しいのは知っているつもりですが……、そのおむすびの一つひとつに、どんな希いをこめてくださったか、それを手紙に書いて付けといてください」

と、頼んでおきました。

大阪空港の近くの会社で、昼にさしていただきましたが、子どもたち、弁当開いて見ますと、みんな大きなおむすびです。

子どものおむすびにはお母さんの手紙が付いています。ふだんは、やんちゃをやって仕方のない六年生の男の子が、手紙を読んで感激して、手紙持っておどりあがってよろこんでいるんですね。目に涙をいっぱい浮かべて手紙を読んでる者もありました。

私のおとなりには、森木雄二君というのがいましたが、彼はいっぱい涙を浮かべてお母さんの手紙を読んでおりました。ほかの子どもたちがおむすびにかぶりつくようにあっても、まだ一生懸命に読み続けておりました。

彼が読み終わった頃にはもうみんな食べておりましたが、別にあわてるでもなく、ていねいにたたみますと、宝物のように大事そうにポケットに納めました。

「森木君、今ポケットに入れたの見せてくれや」

「校長先生、あげるんとちがうで。すぐ返してよ」

と言ってすぐ見せてくれましたが、後で旅行記を読んでみましたら、その晩奈良の旅館に着いて、寝床に入ってから、もう一ぺんお母さんの手紙を出して読み返し、

『お母ちゃん、無事に奈良へ着いたで、安心しておくれ。今、旅館の寝床の中でお母ちゃんの手紙出して読み返しているとこや、明日も気ィ付けて頑張るでな。安心しておくれや。おやすみ』

とつぶやいて眠りについたことを書いておりました。

守本めぐみちゃんていう女の子は、

「弁当の包みを開いてみたらおむすびが出て来た。お母さんの手紙が付いていた。

それを読んでみると、このおむすびの一つひとつに、お母さんがこんな心をこめてくださったんだと思うと、気が付いてみたら、私の着ているこの服は、百二十四人の六年生はみんなたいてい町の服屋さんで買った服着せてもらっているのに、私のは、忙しいお母さんがこの修学旅行のために心をこめて縫《ぬ》ってくださった服であることに気が付いた。

あらためて着ている服をながめ回して見たら、飾りに付いている刺繍《ししゅう》も、一針一針、お母さんの心がこもっているのだと思うと、私は百二十四人の六年生の中で、一番すばらしい服を着て、このすばらしいおむすびがいただけるんだと思うと、私もお母さんになる時には、お母さんのようなお母さんになりたいと思いました」

と旅行記に書いとりました。

どの子もどの子も、しみじみと自分の心にふれてくれるものを求めているんです。それだのに、忙しい忙しい言うて……。

大体、アノ忙しいという字がいけません。忄（心）が、亡（ほろんで）いる。今の世の中、一字で書いたら、この字になるんじゃあないでしょうか。ずいぶん便利にもなったし、豊かにもなったようですけど、大事なものが死んでしまっている。

だから子どもたち、ずいぶん立派なものを身に付けている。体育の時間、上衣《うわぎ》脱いだら、人のか自分のかわからんようになってしまう。落し物、忘れ物の多いこと、性根が入っていない。

味方に出会うと子どもは変わる

伸びたがっているのは草や木だけじゃあございません。子どもはみんな伸びたがっているんです。

八鹿小学校の去年の三月卒業した子どもの中に、雅樹ちゃんというやんちゃ者がいました。

一年生、二年生の頃から女の子の便所のぞきをやる。一年生の時、家の金八千円も持ち出してむだ使いした事件がありました。お掃除なんかしたことがない。「しなさい」と言えば、意地になってやらん。

自分の席について勉強ができん。授業中歩き回ってみんなの邪魔《じゃま》ばっかりしている。末恐ろしいやんちゃ者だ、という子だったんですが、三年生になった時、井上和昌という先生が担任してくれました。

井上先生は、人間に屑《くず》はないということを信じ切っている先生でした。ものも言えないようなおとなしい奴は、自分のことよりも人の気持ちを先に考えてしまう心の優しい子どもの姿なんだと見てくれる先生。

家ん中で大暴《あば》れして暴れてる奴は、何か燃え上りたくてウズウズしている子どもの姿なんだと見てくれる井上先生が担任してくれました。

最初の日、評判のやんちゃ者のやんちゃぶりを見ながら、わしの子どもの時分《じぶん》とよう似とるなァと思うたそうです。うちの三年生の息子とよう似とるなァと思うたそうです。

手に負えない子どもとしてではなくて、なつかしいものとして見てやってくれた。それがそのまま、ちゃーんと雅樹ちゃんに通じている。子どもは敏感です。特に問題を持った子ほど敏感です。

この人、味方か敵かすぐさま見分けてしまいました。すごいですよ。敵に出会った時、ちょうどデンデン虫が殻《から》の中に入りこんで、もうついてもどうしてもどうにもならなくなるように、子どもは本当の自分を隠してしまいます。味方に出会ったとき、初めて本当の自分を出し合います。

教育はそこからはじまって行くんです。

雅樹ちゃん、最初の日、この先生違うぞと思ったようです。

「明日から勉強する教室、きれいにして帰ろうや」

「先生、そんなら雑巾《ぞうきん》貸してちょうだい」

一ぺんも掃除せなんだ奴が雑巾貸せと言う。先生よろこんでしまいました。

「お前、掃除をする気があるんかい。偉いやないか」

嬉しゅうてならんもんやから手紙を書きました。

「雅樹ちゃん、見どころありますよ。雑巾貸せ、なんて言うてくれるんですヨ。きっといい子になりたがってるんですよ」

と手紙を書いて持って帰らせました。

お母さん、感激してしまいました。手に負えない子どもだ。女の子の便所のぞきやる。掃除せん。そんな文句は毎日のように知らせてもらいましたが、〝見どころがある〟と知らせてもらったのは初めてです。

感激して早速新しい雑巾を縫ってやってくれたそうですが、あくる日、

「先生、もう今日、雑巾借りんでもエエで、お母ちゃんが縫うてくれた」

言うて雑巾を開きましたら、雅樹ちゃんがびっくりしました。

開いた雑巾に、

「がんばれしっかりしっかり」

と太い刺繍《ししゅう》がしてあるんです。

「先生、ぼくの雑巾、こんなのがついとらァ」

「お前、すばらしい雑巾持ってるやないかい。そんなすばらしい雑巾、はよう校長先生に見てもらって来い」

今度のことを心配している校長に、よろこばしてやろうということだったんです。ところが、やんちゃ者のくせに、一人でよう校長室に入って来ません。仲間を引きつれて、ゾロゾロ私の部屋へ見せに来ました。

私も嬉しゅうてしょうがない。

「お前すばらしい雑巾持ってるやないかい。そんな雑巾、何万円出したって買われんぞ。そんな雑巾縫ってくれるお母ちゃん、ええお母ちゃんやなァ。そんなお母ちゃん世界中の国探したって、ありやへんぞ。

そんな世界一のお母ちゃん持っとって、ええ子にならなァアカンわい」

言うて、やんちゃ者に取り巻かれて、雑巾こんなにしているところ――両手に拡げて持つ手振りなさる――を写真に写してやったんですわ。

写真ができあがって持ち帰った頃から、自分の席について勉強しはじめました。

お掃除頑張りはじめました。

間もなく五月に入って、子どもの日の記念日行事、お客様を招かない校内運動会をやったんですが、背《せい》は割合高いんですけれども、走るのがおそいもんですから、走らなならん時には、頭が痛いとか、足が痛いとか一ぺんも走ったことがない。

ところが、井上先生が「よーい」とやろうとしましたら、スタートラインに並んどる訳です。嬉しゅうてしょうがない。ニヤッとやったら、ニヤッと笑い返した。信じてくれる者に出会ったら、信頼で返さなアカン。それが〝出会い〟です。

「ドン」とやったら走ったそうですが、ビリから二番。井上先生はとんで行って、

「お前、やったやないかい。今日のお前、一番より値打ちがあるぞ」

肩たたいて励《はげ》ましてくれたんです。

この励ましいいですネ。走る速さの違いによって、一番、二番、三番とございますが、あれは速さの違いで、子どもの頑張りの値打ちの違いではございません。

一番ビリッコが、一番値打ちがあることだってあるんです。〃今日の一番より、お前のが値打ちがあるぞ〃と肩たたいて励ましてくれたんです。

その朝、雅樹ちゃん、家を出る時、

「お母ちゃん、ボク今日走るけれどな、見に来るなよ」

何べんもしつこく言うて家を出たそうですわ。四月以来の頑張りを思うと、お母ちゃん、じっとしとられません。洗濯も何もほっといて見に行って来たんやそうです。

走ってくれたのも嬉しかったけれど、ビリから二番目の雅樹ちゃんの肩たたいて、「お前やれるやないかい、今日の一番よりお前値打ちがあるぞ」と励ましてくれてる先生の姿を見た時、何というすばらしい先生にめぐり合うことができたんだろうか。運動場の泰山木《たいさんぼく》の樹の下で泣いてしまったと言います。

そのあたりからますます頑張り屋になりました。

調子が出揃《でそろ》いはじめた頃、一晩《ひとばん》熱を出して寝なかったそうです。朝になっても熱がひきません。

「こんなに熱が高いのに、学校休め。先生に迷惑かける」

「先生の顔見んと、寝とれるかい」

熱高いのに学校にとんで来た、と聞きました。

井上先生が熱っぽい異常な顔に気付いて、熱を計ってみたら、三十八度なんぼある。びっくりして送り返してやってくれたんだそうですが、

「これで先生の顔見て来たわい。もう寝ちゃるわい」

言うて寝たそうです。やんちゃ者しか持たん、やんちゃ者の値打ちを存分に発揮して、中学校に進んで行ってくれた雅樹ちゃんでございます。

人間屑はないんです。

みんないい子になりたがっているんです。やんちゃ者は、やんちゃ者しか持たぬやんちゃ者の値打ちを持っている。おとなしい奴は、おとなしい奴しか持たぬ

おとなしい奴の値打ちを持っている。

お子さんの値打ちがどこにあるのか、ちゃんと見てあげていただきたいですねェ。そして、それに出会うことで、私たちのしあわせも成り立つんじゃないでしょうか。

内面に出会う大切さ

しかし中学校ぐらいになると、出会いもむずかしゅうございますね。外に見えてるのと、内側と逆になる場合がございますね。小学校の高学年の頃からこういう傾向が見えてきます。

今、八鹿の高等学校の数学の教師をしているT先生。小学校の時、私が四年から六年まで持ち上がった子で、今でもやんちゃ者ですが、私もかんしゃく持ちです。かんしゃく起こして、

「前へ出て立っとれ！」

と前へ立たしたことがございます。ところが、やんちゃ者ですから、

「先生に叱られたぐらいはへっちゃらぞォ」

と前の子に、ニヤーッと笑っとる。

私ども、子どもを叱った時に、悲しそうな顔をしてくれると胸がおさまる訳です。だから、そういう態度をすると、余計かんしゃくが立つ。

「おのれ、こいつめ！」と思っていると、つかつかと窓辺に行って、測候所《そっこうじょ》のあった神武山《じんむさん》の山のトンビをキョロンとながめている。いよいよたまりません。

「こいつめ！」と思っていると、また元へ戻って、床の上へデーンと座りこんで腕組をしとる。

とうとう我慢ができんようになって、

「叱られとるんなら叱られているようにせんかい」

と、どなり声がとび出しそうになりました時に、ハッとわかりました。

〝こいつ、強そうにしているけれど、本当に強いのだろうか〟

先生に叱られたぐらいへいちゃらだぞ、力《りき》んでみればみるほど、今にも泣けて

やんちゃ者は、やんちゃ者しか持たぬ
やんちゃ者の値打ちを持っている。
おとなしい奴は、おとなしい奴しか持たぬ
おとなしい奴の値打ちを持っている。
お子さんの値打ちがどこにあるのか、
ちゃんと見てあげていただきたいですねェ。
そして、それに出会うことで、私たちのしあわ
せも成り立つんじゃないでしょうか。

きそうな悲しいもんがこみ上げて来ます。それがみんなに見破られそうだ、なにくそと、ニヤーッとやっているが、それがますます悲しみをごまかす表現であることに自分にはわかります。

たまらなくなって、神武山のトンビに気をまぎらそうとする。まぎらそうとすればするほど悲しいものがこみ上げてくる。たまらなくなって、座りこんで腕組をしとる……。

外に現われてるものと、全く逆のものが内で働いている。中学校ぐらいになると、こういうことになりますネ。

その組にSという子がいました。彼は、編成替えの前から受け持っていましたから、三年から六年まで四年間教えた子ですが、彼は高等小学校に上がりました。高等科へ行っているのだと思いましたのに、顔を見なくなりましたので、同級生のYという子に、

「Sの顔見んようだが、病気でもしてるんと違うかい」

と申しましたら、

「先生、Ｓ君は高等科やめて丁稚《でっち》に行きました」

と聞くと、腹が立って腹が立ってなりません。四年間叱るのはよう叱った。その時分の私の日記開いて見ましたら、

「毎日、子どもの叱り賃に一円五十何銭《せん》何厘《りん》は、ちと高すぎる」

と書いてあります。

その時分の私の月給日割りにしてみたら、一円五十何銭何厘、子どもを叱ってばかりいてこんなに沢山もろうてもええんやろうかな、と思うぐらい叱りましたが、本当に子どものために打ちこんだと思っているのに、受け持ちでなくなったら、こんなに水臭いのか。ひと言ぐらい別れの挨拶《あいさつ》して丁稚に出て行ったらどうや、と思うと腹が立ってならんですから、ブツブツ怒りはじめましたら、Ｙ君が、

「そら先生の考え違いや思います」

「考え違い言うことがあるかい。お前だって、だまってやめたりなんかしたら承知《しょうち》せんど」

と言いかけましたら、

「だって、先生、S君は高等科やめる日、みんなが帰っても、一人教室へ残って、机にもたれて泣いておりました。

僕が運動練習がすんで教室に入ってみたら、もううす暗うなっているのにまだ一人で泣いてるもんで、

『S君、もう帰ろうや、晩だぞ』

言いましたら、泣きながら顔を上げたS君が、

『あのなァ、Y君、僕がなァ東井先生にだけは別れの挨拶がして行きたいけど、東井先生の顔見たら泣けちまうで、よう挨拶に行かんのや』

言うて泣いていました」


聞いてみましたら、そうだったのか。

一目出会って別れの挨拶をして丁稚に行きたかった。だけど顔見たら泣いてしまうというので、とうとうようひと言の挨拶もせずに、泣く泣く丁稚に行ったS

だったのか。それだのに、腹立ったりなどしてすまなんだ。こらえてくれ。つぶやかずにおられなかったですわ。

上《うわ》っ面《つら》だけ見ると、癪《しゃく》にさわったり腹が立ったりするんですけれど、そのもう一つ向こうに出会って見ますと、向こうどころかこちらがしあわせになりますよ。

出会いがないと子どもをダメにしてしまう

私は中学校の校長三年間やらせていただく間、草や水が伸びますのに、一年中同じ調子で伸びるものではございません。春先から夏にかけては、一晩のうちでも蔦草《つた》なんか、すごい伸び方しますね。

そのうち、時期を過ぎると、伸びがおとろえ、遂《つい》に伸びなくなります。人間もそうでございます。

小学校高学年の頃から、頭のはたらきなんてものは、いくら伸びても伸びても、伸び足りないくらい伸びることのできる時代。その時代を伸び損《そこ》なうと、後でいくら後悔してもおっつかない。

ところが、その大事な伸びなきゃならん時代が、ちょうどまた、帽子《ぼうし》をまっすぐ着るのが馬鹿らしくて、ちょっと横っちょにやってみたい。姿勢を正して授業を受けると、クソ真面目《まじめ》と言われそうで、机の下で内職がやってみたくなる。そういう時代なのです。

その時代の教育で、一番大事なことは何か。

生徒の悩みは、私に通じ、私の希いが生徒に通じる。この出会いができなかったら、中学の教育はダメだ。

そんなことから毎日、生徒の日記を十人ずつ見てやりました。むこうが三枚書けば、こちらは五枚書き、日記のノートを取りに来る子どもをつかまえて、子どもの悩みについて話し合うということを三年間続けました。

中学二年の一番できの悪い生徒が、こんなこと書いていました。

「僕は毎日学校から帰ると、兄弟げんかをします。そのたびに、父母は僕ばかりを叱ります。僕は僕の家《うち》もアメリカやイギリスのように、もっと小さい時思いきり叱ったらよいと思います。

〈と、その生徒が書きましたのは、幼児教育が大事やそうだから、大きいボクを叱らんと、もっと弟を叱れちゅう訳です〉

それだのに僕ばかりを叱るんです。僕はものすごく腹が立つんです。僕は死んでやろうかと思います。でも、なかなか死ねません。

兄弟げんかは、僕が悪いのでなく、弟のほうがよっぽど悪いのですが、僕ばかり叱られます。どうしてでしょうか。僕は不思議です。

大体、弟なんかがいるからけんかをしなければならんのです。弟なんかいなければよいと思います。でも弟がいなければちょっと不便です。それは使ってやれないからです。いつもうまくたぶらかして使ってやりたいと思います。

校長先生も協力してください」（笑声）

このお父様、ＰＴＡの役員してくださったり、お母様、婦人会の支部長なさったり、とっても熱心な方なんですわ。

子どもは勉強しません。どういうことでしょうか。お父さん、お母さんにしてみたら、弟のことよりも中学二年の兄貴のことでいっぱいなんです。

「どうしてお前はそんなに勉強がきらいなんや、小さい者をいじめて、来年の高校入試は一体どうなるんや」

と、一生懸命になればなるほど、やることがダメになってしまう。出会っていないんです。

西宮の先生が、五年生のまこちゃんという子どもの作文を送ってくれました。

まこちゃんが、公園で鬼ごっこをして遊んでました。兄ちゃんが「早う帰れ」口をとがらせて呼びにきた。

どうも叱られるらしいが、叱られる訳は何やろか、と考えてみますと、ああそうか、このあいだノートをちぎって、飛行機をこさえて飛ばした。そのためにノートがバラバラになっとった。

それを僕がおらんまにお母ちゃんが見たかもわからん。それしか今のところ叱られる訳がないが……、思いながらヒヤヒヤして玄関あけて入ったら、そこに、お母ちゃんがバラバラになった帳面持って立っていた。

僕は、やっぱりそうだと思った。

「これなんですか！」

お母ちゃんはこわい顔をして、帳面を目の前に突き出して、大きい声で言った。

その時僕は涙が出て来た。僕は下を向いてじっと立っていた。

「部屋へ入りなさい！」

お母ちゃんはこちらを向いて座った。僕はボツボツ入って行った。

「座りなさい！」

と言った。黙って僕は座った。どうせたたかれると思ったから、

〈書いているところをみると、ふだんからようたたかれているらしい〉

どうせたたかれると思ったから、近い所に座った。

〈心がけのええ子ですねえ。

受け持ちの先生が四十五人の子に、

「こういう時、みんな近い所に座るかァ」

とたずねてみましたら、大方みんなの子が、

「逃げまァーす」

少しばかりの子が、

「いざという時にはとび出せるように、なるべくはなれた所に座る」（笑声）

と答えていますのに、まこちゃんは、どうせたたかれると思ったから近い所に座った。

〈心構えのええ子じゃなあと思うんです〉

お母ちゃんが立って、物さしを取りに行った。

〈これでやられるんです〉

僕はたたかれる覚悟をした。物さしを取って来たお母ちゃんは、物さしで僕の腕をたたいた。

お母ちゃんのたたくのはきつかった。ものすごう痛かった。

〈たたかれる度《たび》にいたみますから、一ぺんじゃあない〉

あんまりきつうたたくから、癪にさわって、「そんなにたたくんやったら出て行く」という言葉が出てしもうた。

〈ここです。これだけ心がけのええまこちゃん。あんまり熱心にやっていると、「そんなにたたくんやったら出て行く」というひねくれた横芽を育てることになる〉

お母さんも、

「出て行き！」

と言いました。

出がけに玄関のガラスを足で蹴《け》って、ガラスをこわして、はだしで出て行きました。

〈にわか雨が降ってきたそうですが〉

堤防《ていぼう》に立って、自動車は通らんかいな、自動車が通ったら、自動車に轢《ひ》かれてお母ちゃん困らせてやるんやがな、と思ったが、自動車は一台も通らんかった。

あとで考えると、ウソみたいだが、その時はほんまにそう思った。


と書いていますが、受け持ちの先生が四十五人の子に、

「こういう時、自動車に轢かれてやろうと思うか？」

とたずねたのに対して、二十九人の子が、

「そんな気持ちになるだろう」

と答えています。

通らなくてよろしかったので、通っていたらどうなっていたでしょうか。

出会いのない熱心さというのは、子どもをダメにしてしまう。生命《いのち》までダメにしてしまうかもわからない危険を持っている訳です。

教育熱心にもかかわらず……

「熱心」ということなら、どこへ行っても、みなさん、熱心になってくださいました。

数年前の夏休みのはじめに、宮崎県の椎葉《しいば》村からお招きをいただきました。〝ひえつき節《ぶし》〟の本場、平家の落人《おちゅうど》のみなさんが、のがれにのがれ、山の中に分け入って、もうここまで入ったら人目につかんだろうと、山奥に住みついたのが椎葉村だそうです。

でも、平家のみなさんが隠れているのが鎌倉に聞えまして、頼朝《よりとも》の命を受けて、弓の名人、那須与一《なすのよいち》の弟の大八郎が征伐《せいばつ》に行き、鶴富というお姫さんと一緒になったという伝説の残っている椎葉です。

その椎葉村で、一週間ばかりあちらこちらお話させていただきました。どの会場にも集まって見えてるお父さんお母さん、地下足袋《じかたび》に脚絆《きゃはん》、中には腰に弁当を結び付けていらっしゃるのがいます。

一人のお父さんに、

「ずいぶん遠くからお見えになったんですか？」

と聞いてみました。

「はい、私は今朝五時に家《うち》を出まして、ここへ着くのにまる五時間かかりました」

片道五時間、自転車も通らん山坂をテクテク歩いて、子どもの教育のために勉強に集まって来ているんです。

会が終わったら、また五時間ぐらい歩いて帰って行く。大変だなァと思いました。

次の夏休みには、長崎から五時間ばかり沖へ出た五島列島からお招きをいただきました。日本の西の果ての離れ島、熱心ですねえ。

北海道にも八回ばかりうかがいました。今度帰ったらまた九回目をうかがう訳ですが、この前は、昔はにしんの獲れた岩内《いわない》という町で北海道のお母さんの会がありました。

お母さん方がお話しになっているのを聞きますと、

「私、今度この会へやって来るのに、ヤクルトの配達をして、汽車賃、宿賃作ったんですのよ」

なんて話していらっしゃる。

国の隅々まで子どもの教育が、こんなに真剣に考えられた時代はなかったんではないでしょうか。

なんでも子どもがいい子になってくれるようにと、希っているお父さんお母さんの願いの力、国がはじまってからなかったくらい強くなっているでしょう。世界一かもわかりません。

昭和四十一年の秋に、イギリス、ドイツ、フランス、イタリア、スイス、オランダの教育を見せてもらいました。教育をいいかげんにやっている国は一つもございませんけど、日本の親御さんの熱心さには及ばんだろうなァと思いました。

先生方だって一生懸命です。殊《こと》にここの先生方、すごいですねェ。町の政治をなさるみなさんが、教育に注ぎ込んでくれているお金だけ考えても莫大《ばくだい》なもんでしょう。

これが教育ということになりますためには、この強い、子どものしあわせを希う願いの力が、一人ひとりの子どもの、

「よぉーし、やるぞ」

という、この力に変わって来なければ「教育」とは言えません。

ところがです。

日本の子どもたちの「やるぞ」というのが、国がはじまってからこれまでになかったぐらい強うなって来たんでしょうか？　国がはじまって以来、これまでになかったぐらいダメになってしまっているんじゃァないでしょうか。

ある教育雑誌に、小学校四年生の子どもの作文や、おしゃべりが出ていました。

「夕方お使いから帰って来る時、前を若い男の人と女の人が歩いて来ていました。僕は急いで家に帰り、懐中電灯を持ってきてあとをつけました。四つ辻《つじ》の暗い所まで来ると、二人は立ち止ってキスをしました。僕は胸がドキドキしました。少し行ってから、二人はまた抱き合ってキスをしました。前よりも長いキスでした。

〈なかなか熱心に観察してます〉（笑声）

川の所まで来ると、手をつないで堤《つつみ》をおりて、橋の下の暗がりへ入って行きました。僕は、あまりいやらしいので逃げて来ました」

次も四年生。

「きのうは部屋で遊んでいたら、向かいのアパートで大学生らしいお姉さんと、高校生らしいお姉さんがアベックしていました。

僕は、いやらしいなァと思ってフミちゃんを呼びました。フミちゃんも、ほんとにいやらしいわねェと言って、二人で熱心に見ていました」

こんどのは四年生のおしゃべり。

「おれはよゥ、この間、アベックの人がキスしてるのを見ちゃってよゥ、いやらしいよな。こんなにして抱き合ってョ」

「おれだって見たことあるョ。ヒロちゃんと一緒に遊んでいたとき、すぐ傍《そば》で見たんだョ。男の人がサ、オッパイの所へ手を入れちゃってサ、スゴークいやらしいの、そしたらサ、おれチンチン固くなっちゃって、ヒロちゃんのどうしてるかなァ思って、ヒロちゃんのさわったら、やっぱりヒロちゃんのカチンカチンになっていたんだよ」

「おれだってそうだよ。この間見た映画はなんだっけなァ。大川橋蔵《おおかわはしぞう》が出て来てサ、女の人抱きしめて、着物のところ引っ張って、オッパイのところキスするの。それ見たら、チンチン、棒みたいになっちゃった」

都会の子どもばかりかと思っておりましたら、但馬牛《たじまぎゅう》のように真面目で、純朴《じゅんぼく》でねばり強いということを自慢にして来ました私たちの地域の、中学校の校長さんが、女の子たちが、ひたいを寄して熱心に読んどるので、何を熱心に読んどるんやろ、取り上げて見たら、マンガだったそうですが、マンガをご覧になってみましたら、〝今夜はオギノ式にしましょうね〟。受胎《じゅたい》調節のマンガ。


八鹿警察の少年係の部長さんが、私たちの町のような、ずーっと山奥の町の中学生の間に、風呂場のぞきが流行《はや》っていると言われました。

「あの家は、柱がゆがんどるで見やすいぞ」

「いやァ、こちらのほうが節穴《ふしあな》があるで見やすいぞ」

その中学生たちが、競争みたいに週刊誌の口絵の女の人の裸体写真を集め合ってる。

豊岡市を中心にした女子高校生が、十数人検挙されました。新聞の報道によると、「夫婦気取りで同棲《どうせい》生活をやっている。ただ今妊娠中でもあるが……」と出ておりました。

瀬戸内海の沿岸の、高校一年の女の子が、風呂場で赤ん坊を生んで、三日程、押し入れで育てた。育てきれなくて捨て子をした事件が報道されました。

その直後、Y島の中学校の校長さん、はるばるお見えになって、

「結局あの事件も、中学校時代の男女関係の乱れの結果に過ぎんのです。忙しいでしょうが、一ぺん島に渡って来て、島の人たちの目を覚《さ》ましていただきたいんです」

と呼びに来られましたが、都会といわず、田舎といわず、離れ島といわず、私たちの大切な問題が荒れてしまっているんです。

自律を育てる

「自由」「解放」、言葉はまことに結構ですけれども、実際は、欲望や衝動の奴隷《どれい》が育ってしまってるんです。

セックスの欲望にしても、どんな欲望にしても、これを否定することはできません。しかし、教育というものは、欲望の奴隷をではなくて、欲望の主人公を育てること。

犬や猫の成長は、大きくなるのを成長と申しますが、人間の成長は、大きくなるだけでは成長とは申せません。

「自律」がどれだけ育ってきたか……。

赤ん坊の時には、お母ちゃんどんなに忙しくても、

「お母ちゃん、お乳くれー」

言うたやつが、幼稚園の頃になると、

「おやつ欲しいけれど、お母ちゃん忙しそうやから、我慢しよう」

ブレーキがききはじめる。

これが「自律」ですね。

「お母ちゃん、お金あんまりないんとちがうかいな。欲しいけどやめとこう」

ハンドルを切りかえます。

これが「自律」です。

小学校に上がったらブレーキが楽しくなってきた。ハンドルさばきが楽しくなってきた。中学校になったら、相当強い誘惑の風が吹いても、そのためにハンドルさばきを間違えることはなくなったと言えなければ「成長」とは言えますまい。

大きくなればなるほどブレーキがとんでしまい、ハンドルがとんでしまうということが、今、日本にあふれようとしているのではないでしょうか。「教育」というものは、欲望の奴隷をじゃなくて、主人公を育てることなんですね。

いつまでもついていってはやれない

考えてみましたら、今の世の中もずいぶんむずかしいですが、今の子どもが大人になった頃には、世の中はもっとのんびりするんでしょうか。

そうなってほしい訳ですけれども、私たちの希いとは逆に、一年一年むずかしくなって来よるでしょう。一昨年《おととし》よりは去年、去年よりは今年と、きびしいですねェ。

あちらこちらで倒産が起こっているようですが、そのむずかしさに圧《お》しつぶされてしまわないで、どんなむずかしい世の中になってきても、人間に生まれてきた生まれ甲斐《がい》を、切り拓《ひら》いてやってくれなきゃならんのが「これだ」ということを忘れんようにしましょう。

だから八鹿のお父さんお母さんには言いつづけてきたんです。

「みなさんが忙しい忙しい言うて、金もうけ頑張ってくださることはありがたいと思います。こんな田舎町です。欲張りだとか、けちんぼうとか言われながら、一生涯かかって、三千万か五千万か七千万を残したいうたら、大したことじゃろうと思います。だけど、それだけ残すことができたとしても、それを受け継いでくれる子どもも、これが腐《くさ》っとったら、そんなもん一ぺんですよ。

それがわかってくれたら、お金もうけも大事かもしれんけど、たとえ借金残してでも、どんな難儀《なんぎ》や苦労にも負けんで、『やるぞ』というやつを育てることのほうが、もっと大事な問題じゃと思いませんか」

それに、お互いに子どものことが案じられるんですけれど、私たちはあの可愛い者のために、一体どこまでついていってやれるんでしょうか。

どこまでもついて行ってやることができるのなら、嵐が来れば防いでやれましょう。難儀、苦労がやって来れば、代わりに背負ってやれましょう。しかし、どこまでやれるのか。

昭和四十三年がはじまって、おめでとう、おめでとう言うてる真っ最中、正月二日、八鹿小学校二年生の可愛い女の子残して、お母さんが死んでいきました。雪の降る中を、葬式を見送らしてもらいながら、こんな可愛い子を残して旅立って行かなきゃならんお母さんの気持ち、どんなやったろうなァと思うと、涙を止めることができませんでした。

その年の秋、私が借りとりました家の真ん前の、裁判所の庶務《しょむ》課長さんが、日曜日暗いうちに起きて、海に釣りに行き、夜が明けた頃に足はずして死んどりました。

朝になって、六年の女の子がワンワン泣いてる。

「どうしたんや？」

「お父ちゃんが釣りに行って死んじゃったんです」

高校のお姉ちゃんは、修学旅行で九州に旅をしておりました。一日の日程が終って、雲仙《うんぜん》の宿に着いてみたら、〝お父さんが死んだ、早く帰れ〟という電報です。修学旅行の途中から、泣きながら引き返して参りました。

その年の暮れには、八鹿のＳ中学の研究会で、授業参観していた田村先生が、パタッとたおれて、かけ寄った時にはこと切れておりました。

八鹿小学校の五年の男の子と、一年の女の子が、お父ちゃんのない子になってしまいました。

その次の年の七月、五年生と一年生におとなしい女の子がやって来てました。

その年生れた赤ちゃんをおんぶして、赤ちゃんのお薬もらいにお母さんが八鹿病院へ行って帰りに、自転車でお母さんがジャリの上にひっくり返ったところに、トラックが通りかかって、お母ちゃんの頭ぺしゃんこ。

背中の赤ちゃんはなんともなかったんです。

そこのお父さんは、胃が悪いというんで、八鹿病院で開いてもらったら手の施《ほどこ》しようのない胃がんで、お医者さんが大急ぎで縫い合わしたそうです。

お父さんも亡くなってしまって、生き残りの赤ん坊の世話と、ほとんど寝たきりのおじいちゃんおばあちゃんの世話をしながら、今、姉のほうは中学校に、妹のほうは小学校にいるんですが、人生、きびしいです。

人生のきびしさに目覚めさせる

教育というのは、

「一日も早く、あの可愛い子どもを、自分の二本の脚《あし》で、間違えんように、歩くようにしてやることだ」

と考えてみようじゃァありませんか。

ところがね、みんな甘ったれているんです。

生徒さんにも言うたんですが……。

京都の宮津《みやづ》に行きましたら、中学校の校長先生が、生徒が休みましたので家庭

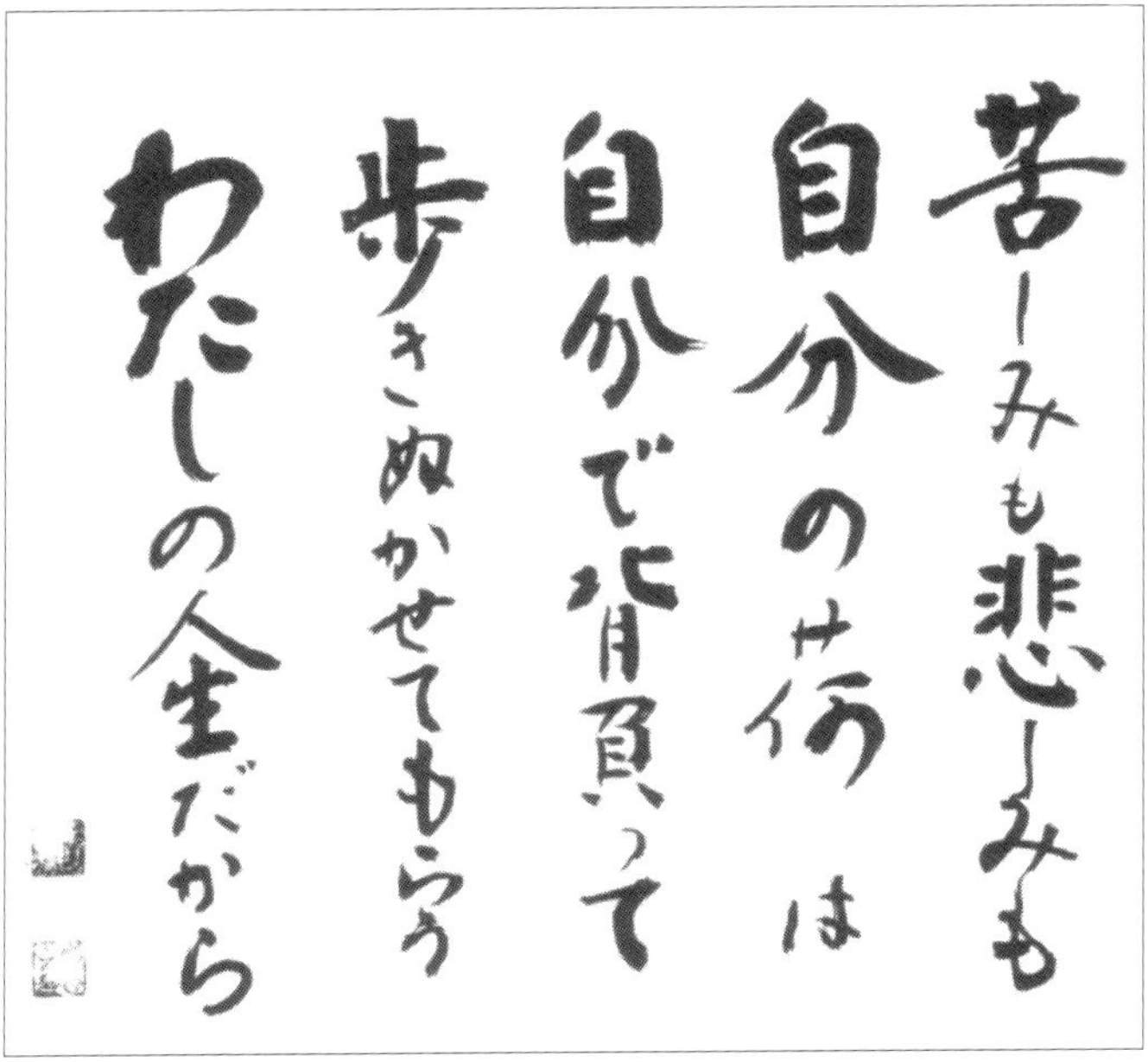
苦しみも悲しみも
自分の荷は
自分で背負って
歩きぬかせてもらう
わたしの人生だから

訪問しました。

「○○君が休んどるんですが、どうしたんですか」

「学校に行ってるはずですがな」

「来ていません」

「行ってると思いますがな」

「来てませんよ」

「おかしいな。ほんなら勉強部屋見てみましょう」

お父さん勉強部屋に行ったそうですが、帰って来て、

「やっぱり風邪ひいて、熱が出たいうて、赤い顔して寝てますわ」

「そうですか、そりゃ折角来たんですから見舞ってやりましょう。案内してください」

家の中の雑音《ざつおん》が聞えんように、別棟の勉強部屋つくってもらっている。

ドア開けたら、お酒の臭いがプンプンしている。酒に酔っぱらって真っ赤な顔して寝ておったんです。

八鹿の町あたりでも、子どもにだけは心配苦労させせんように、勉強部屋や、机や、イスや、蛍光灯のスタンドや、冬になったらストーブ入れてやるやら、夏には大型の扇風機だなんて言うていましたが、去年の夏あたりからは、勉強部屋にクーラー入れはじめましたね。

ひどいのになると、机の横っちょにベルまで取り付けてあって、子どもがベルを押すと、お母ちゃん台所から飛んで来て、

「そら鉛筆が折れたか、おやつか、お茶が欲しいか」

と、やっている。

こんなことやってるもんやから、三、四年前も、お母さんが泣きながら見えました。

「校長先生、知恵貸してください」

「どうしたんですか」

と聞きましたら、

「中学三年の息子を叱りましたら、『そんなに叱るんやったら、高校入試、落ちてやるぞ』言うて……」

誰のために高等学校へ行くんかわからんようになってしまってるんです。
あんまり甘っちょろいことをやっていると、こういうことになるんです。

人生のきびしさに目を覚まさせようではございませんか。
だから、生徒さんに言ったんです。

自分は自分の主人公
世界でたった一人の自分を創《つく》っていく責任者
少々つらいことがあったからといって
ヤケなんかおこすまい
ヤケをおこして
自分で自分をダメにするなんて

こんなバカげたことってないからな
つらくったってがんばろう
つらさをのりこえる
強い自分を創っていこう
自分は自分を創る責任者なんだからな

生きているというだけなら
ミミズだって生きている
でも人間なんだから
もう少しシャンとした生き方がしたいな
自分のために一生懸命生きているという
だけなら
毛虫だってゲジゲジだって
一生懸命生きている

だけど
毛虫やゲジゲジにはなるまい
もう少し多くの人によろこんでもらえる
ことにも
一生懸命になろうじゃないか
地球だって
自転と一緒に公転もやっているんだからな

というようなことを希いに、今日お話をさしていただいた訳でございますが、子ども自身に、自分をダメにしてはならんという、目を覚まさせようではありませんか。

そのためにもね、何か家の責任……なかなか生徒も大変ですからね、勉強もしなきゃあならん、運動もやらなきゃあならん。大変です。

しかし、何か責任を持たしてやってください。

責任の場に立つと、子どもはシャンとするんです。私は小学校の時にもね、夏休みなんかいい機会だと思って、

「この休み中に、何か家の責任持たしてもらって、

〝この責任を果たした〟

〝この仕事ができるようになった〟

という自慢話持って二学期やってこい。二学期はじまったら自慢話大会をやるからね」

と、毎年言い渡しました。

二十一の校区を毎晩のように回って、お父さんお母さんに頼んで回りました。

ある年の自慢話大会の時、四年生になるまでものの言えなんだ気の弱い女の子は、家族会議の結果、〝電話を聞く責任を受け持つ〟ことになりました。

電話のベルが鳴ると飛んで行って、

「ハイ、駅前の〇〇です。何かご用でしょうか」と言う役目。それをね、休み中

やりとげて、二学期からちゃんとものが言えるようになって来とりました。

五年生のある男の子は、
今までの夏休みは、たいていお父ちゃんお母ちゃんが、どこかへ連れて行ってくれた。

ところが、今年はどういうもんかお母ちゃん、

「お前、予算はこれだけしかないんじゃが、一ぺん夏休み中にお父ちゃんお母ちゃんをどこかへ連れて行ってくれ」

えらいことになってしもうた。

日和山《ひよりやま》海岸まで連れて行こうと思うと、八鹿から大人のバス、一人片道いくら、往き帰りでいくら、僕の料金合わせるといくら。

行くだけでなしに連れて帰らななら〔ん〕し、向こうに行ったら弁当食わさななら
んし、これだけの予算であるじゃろうか。

何時に出たら向こうに何時に着くか、ほしたら、お父さんお母さんに何しても

ろたらええんやろか。

色々計画立てて、お父さんお母さんを遠足に連れて行ってあげたという自慢話をしてるのがありました。

連れて行ってもらう遠足と、連れて行ってあげる遠足とでは、シャンとする仕方が違います。

こういう工夫をやらなきゃァダメだと思いますヨ。

中学校の時も言っておりましたら、あるお母さんが、

「校長先生に言われて、うちの中学一年の女の子に、〝家計簿の責任〟持たせました。

良かったと思います。

『お母ちゃん、今日なんぼお金を使った?』

『うん、今日は、かまぼこに何円と、ちくわが何円』

『お母ちゃん、この間からお金出るばっかりで、一つも入ってくれへんがな。も

っと考えてお金使わなアカンで』

今まで、倹約せえ言うてもききめのなかったのが、家計の責任者になったとたん、大人の暮らしまで、自分の問題としてくれるようになりました」

責任者の立場に立ってみると、働かなかった頭が働きはじめるんですネ。見えなかった世界が見えるようになる。子どもはシャンとしてくれるんですね。

学校と手を組んでやりましょう。

父親なき現代社会

男というものは案外アカンもんでしてね。お母ちゃんが、待ちに待った赤ちゃん生んでくれた。嬉しゅうてしょうがないが、なかなかすぐには抱っこさせてもらえません。

ようやく初めてだっこさせてもらいました。

「これがお前のお父ちゃんやで、よう見とけよ」

嬉しそうに仰言ってるのに、横っちょからお母さんが、

「ほんとにそうですか？」

仰言ってごらんなさい。(笑声)

一ぺんにペシャンコになります。お母さんには生んだ証拠がありますが、男には証拠がありませんので、

「これがお前のお父ちゃんやで」

「ほんとにそうでしょうか」

風船がつぶれたのと一緒です。ぺしゃんこです。

ということは、お母さんの日常の構えの中に、このお父さんは、この子にとって、世界三十何億の誰にも代えることができない世界でたった一人の方だ、ということがお母さんの胸にないと、子どもの心の中にお父さんは育たないということです。

土居健郎《どいたけお》さんの『甘えの構造』という本の中に、「現代社会は〝父なき社会〟といえるのではないか、お父さんは沢山いるのに、なぜ〝父〟がいないのか」。子どもの心の中にお父さんがいないんです。それは、お父さんがなまけてるのと一緒に、お母さんも悪いんです。

非行少年の家庭に限って、必ずお母さんが子どもに、お父さんの悪口話して聞かしているそうです。お父さん、なくしている。

賢いお母さんは、子どもが三つ質問しても、三つとも教えんそうですね。二つ教えても、この三つ目は、

「お母ちゃんにわからんわ。今夜お父ちゃんお帰りになったら聞いとくからね、ちょっと待ってみてちょうだい」

明くる朝、

「ゆうべお父ちゃん帰りおそかったんだけど、あの問題聞いたら、こんなに仰言ったヨ」

お母ちゃんもそのくらいの問題はわかっていても、あと一つの問題は、お父さ

んを育てるために残しておくぐらいの心配りを持ってくださらにゃァならん訳です。

扇風機は自由に回っているように見えても、芯棒《しんぼう》だけは狂いません。「外のことは好きなようにやってもよいが、これだけは狂わしちゃならんど」これがお父さんです。ところが、扇風機の芯棒のばらけたやつが国中にあふれようとしている。

お父さんが目を覚ましていただくのと一緒に、お母さんが、このお父さんを育てなきゃァ扇風機はばらけてしまうと、お考えいただきたい。

八鹿の町にグンゼの会社がありますが、いろんな仕事をなさっている方の中で、一週間に三晩、夜通し徹夜で会社の番しよりなさる、あとの三日は昼間の番しよりなさるお父さんの子がね、友だちのお父さんは、部長さんや課長さん言いよるのに、警備員や言うたら恥ずかしがった。

が、さあそのお母さんが偉いんです。一昨々年の冬の真っ最中、夜通し徹夜で会社の番なさるお父さんのために、温かい弁当を持って行かされた。

俊二君と言いますが、俊二君が会社に着いた時、吹雪《ふぶき》の中を見回りから帰って来られるお父さんにパタッと出会いました。

「お父さんて大変なんだな」

目が覚めた気がしたと言います。

それから弁当持って行く時、勉強の用意して、門衛《もんえい》のお父さんの机で勉強するようになりました。でも見回りの時刻になると、手提げ時計と携行電池をさげて見回りに行ってしまいます。

誰が見ている訳でもない。誰が監督しているのでもない。でもお父さんて責任感が強いんやな。だんだんお父さんの偉さに目を見張るようになりました。

ある晩も、そんなにして勉強して帰りましたら、お母さんが、

「あんた、この寒いのに二時間も何しとったん」

「お父ちゃんと勉強しとったんや」

「まああんな寒い所でや？　さあ身体も何も冷えてしまっただろう、炬燵《こたつ》に当りなさい。ミルク温めてあげる」

「いや、僕、勉強の続きするんや」

吹雪の中を見回りに出て行った父のこと思うと、寒さなんかなんともなかった。父に負けてはならんと思って、僕は勉強を続けた。

俊二君が日記に書いてくれておりました。一度《ひとたび》、お父さんが育ちますと、これだけたるんだ世の中もピリッとして参りましょう。

どうかお父さんを育ててやってください。

母親の責任

しかしね、このお父さんを育てるのも、この子どもをどんな風にするのも、その鍵を握ってくださってるのがお母さんでございます。このお母さんにお願いしたいことがいっぱいあるんですけれども、もう時間が来てしまいました。

でも、一つきりお願いさせてください。

〝子どもが楽しみにして帰って行く家を築いてやってください〟ということです。

その責任がお母さんにおありになるという証拠に、

〈安〉——板書される——

いえかんむりの下に、お母さんという女の方がいてくださると、安らかになるでしょう。

どんな大きな男を書いても安らかにはなりません。お母ちゃんでないとアカンのです。

大体、字というのはいいかげんにできとるのじゃございません。お母さん方に関係のある字を考えて見ましても、女の一生涯で、ご自分でお考えになっても、人がながめましても、女が一番良い時は、

〈娘〉（笑声）

むすめの時やそうですね。

この娘さんが、どんな難儀も苦労もこのお家《うち》でと、難儀苦労をともにしますお家が決まりますと、

〈嫁〉

よめさん。お嫁さんにおなりたての頃には、ご飯をおあがりになっても、つつましやかに上品に食べてくださるんですが、それが知らん間に大口になり、二、三人と子どもさんができなさった頃には、恥ずかしさもつつましやかさもどこかへ行ってしまって、「私が私が」と言う。

先日も富山へ行く時、山陰線の福知山駅で、ゾロゾロッと婦人会の旅行団が乗って来まして、乗ってくるなりシャベッてシャベッて、……女というものはようしゃべるもんですねぇ。そしてまあ、何日も食わなんだかのように、ポリ袋出して食いはじめる。バナナの皮むいて食いはじめる。

食うこと食うこと、しゃべることしゃべること。（しばし大笑）

ちょっと顔のきれいなのは、鼻にかけてそれをしゃべる。ちょっと勉強しているのは、学問を鼻にひっかけてそれをしゃべる。着物を鼻にひっかけてるのやら、

服を鼻にひっかけてるのやら、ネックレス言うたら首にひっかけるのか思いましたら、ネックレス鼻にかけてしゃべってる人がいる。（大笑）

近頃、女が厚かましゅうなりましたねぇ。厚かましゅうないのは、この因島のお母ちゃんだけですわ。（笑声）

高知の先生が受け持ちの子に、

「今日帰ったら、お母ちゃんの小学校の時の成績聞いて来い」

言うて帰したんやそうです。明くる日調べてみましたら、どのお母ちゃんもどのお母ちゃんも、一番や二番ばっかりやったそうです。（大笑）

どうも信用がならんと思うのですわ。子どもが知らんかと思って、

「お母ちゃんはよう勉強した」

「優等生だ」

「小学校一年の時から委員長ばっかりしとった」（笑声）

そんなに、女の〝私が私が〟の鼻があぐらをかくようになると、〝奥さん〟と

言わんそうです。
おなごへんに、鼻という字を書きますと、
〈嬶〉
これは、カカ。（大笑）
このカカが更に厚かましゅうなって、「わしらが嫁に来た時分には」と、言うことも、することも、考えることもみんな古臭うなりますと、
〈姑〉（笑声）
女の古いのはしゅうとめさん。
この姑さんが、更に古うなりますと、鏡見ましたら、おでこのあたりに妙なものができはじめた。これは大変と、持ち上げて見ましても、手を放したらまた元の通り。大急ぎで、資生堂のなんとか言うの買うて来て一生懸命すりこんでみても、あれぐらいのものではどうにもならんような〝波〟がおでこのあたりに出て来た女を、
〈婆〉（大笑）

ま、うまいことできていますね。

今、きれいなお母さんだけど、あんまり〝私が私が〟仰言ってると、知らん間に波の女になってしまうんです。

昔の人が詠《よ》みました歌に、

「見るうちに　娘は嫁と花咲きて　嬶としぼんで　婆と散るなり」（笑声）

さあー、これは忘れてください。

――娘、嫁、姑、嬶、婆と順次消して行かれ、安の文字を残される――

忘れられて困るのは、この〝安らか〟ですわ。これが安らかでなくなって来るんです。

ここの中学校の生徒さんは、そんなことはないか知りませんが、八鹿小学校の子は半分以上、

「家に帰ったってつまらん」

「家に帰ったって面白うない」

半分以上そう言ってるんです。どういうことでしょうか。

子どもによろこびの言葉を

ここで、いろいろお願いしたいことがあるんですけど、もう時間を……（時計を出しかけて）時計見るのがこわくて、よう見ませんが。（笑声）

「よろこびの言葉を大事にするお家に、子どもを落ちつけていただきたい」

ところが、これがむずかしいらしい。

＊

私が、かつて中学校の校長の時、校長室で弁当食べて新聞読んでいました。新聞の投書欄にこんなのが出ていました。

私は、五人兄弟の長男の嫁です。

終戦後、樺太《からふと》から無一物で引き揚げて参りました。言語に絶する貧乏と、逆境に泣く日々を送って来ましたが、幼かった弟妹たちも義務教育をすませて、それぞれ職に就いてくれるようになり、僅《わず》かながら生活にゆとりもできて来ました。

しかし、兄嫁である私には、世間なみの自由は許されません。弟妹たちには姉であり、夫には妻であり、一番早く起きて、一番おそく床につく。ただクタクタに疲れて眠っていくだけの毎日です。

ゆとりができるに従って、この悲しみは深くなるばかりでした。

なぜ私だけが、こんなつらい思いをし、あくせくしなければならないのだろうか。世間をうらみ、自己をうらみ、弟妹たちの朗らかな職場の話にまで、妬《ねた》みを覚える有様でした。

夕方帰って来ると、

「姉さん、ハイ」

空《から》の弁当箱を当り前のように次々に渡します。

弟たちは、

「姉さん、ボタン付けといて。これ縫っといて。あした着るんだから忘れたらいけんよ」

など、しつこく言われるとくやしくて、目がしらが熱くなることも度々ありました。

そんなある日、一番おそく帰って来た夫が、すまなそうに弁当箱を手渡します。風呂敷《ふろしき》をほどいて、洗い桶《おけ》につけようとしたら、弁当がらの上から一枚の紙きれが落ちて来ました。

なんだろうとつまみ上げて見ると、まさしく夫の鉛筆書きの字で、

「毎日、お前につらい思いばかりかけてすまん。今日のおかずはとてもうまかった。ありがとうよ」

と書いてありました。瞬間に胸がグッとつまって、止めどもなく涙があふれ出て来るのです。

嗚咽《おえつ》がもれそうになるので、流しに胸を押しつけて、声を殺して思い切り泣き

ました。泣きあかした後で、私は、片時でも自分をうらみ、不遇をかこったことが情けなく、夫にすまなかったと悔《くや》まれてなりませんでした。

私は今、とてもしあわせです。

*

私ぐらいふしあわせな女はないと考えていなさった若い奥さん。弁当がらを洗おうとした時、落ちて来た紙片《かみきれ》。「毎日、お前につらい思いばかりさせてすまん。今日のおかずはとてもうまかった。ありがとうよ」。このよろこびのひと言が、こんなしあわせな奥さんに変えているんです。このよろこび、この生き甲斐を子どもさんにあげてください。

たいていのことは、お金をかけなくては良くなりませんが、これは今日からタダでやっていただくことができます。しかもてきめんに「やるぞ」という力に変わってくれるんです。

私もこれを読みまして、これくらいならわしでもできる。私も書いとこうと思いました。ちょうどその日の弁当のおかず、私の大好きな里芋《さといも》の煮っころがしが入っておりましたので、私も書いときました。
「毎日お前につらい思いさせてすまんな。今日のおかずはおいしかった。アリガトウ」（大笑）
家内が弁当がら洗おうとして、紙片見つけて、なんというやさしい主人の所へ来たやろうか、感激して、流しに胸おしつけて、キューキュー言うて泣くところを見たんならんと思いましたが、その晩ちょっと会合で出て行きましたので、家内が感激するのをよう見ませんでしたけれども、出ている留守の間に、家内が感激して泣いたに違いない、と思いました。
その証拠に、あくる日もやっぱり芋の煮っころがしが入っておりました。（大笑）
私は〝ほめる〟という言葉を使わずに、〝よろこぶ〟と申しましたが、中学校ぐらいになりますと、ほめるのは役に立たんようになります。〝おだてるない〟ということになりますが、よろこびはちゃんと通じます。

「ほめ方」「叱り方」そんな口先の問題、テクニックの問題ではなくて、子どもは、〝何をこそ親のよろこび〟とし、〝何をこそ胸の痛み〟として泣いていくか。このことでございます。

静岡に、長沢修二先生という偉い先生がいらっしゃいますが、本をお書きになっている。その方が中学校の校長さんの時、タバコ吸った二年生の生徒を三十分ほど校長室に呼んでお説教をなさったが、ビクともせなんだ。この子もとうとうこんな子になってしまったか。悲しみをこめてお母さんに報告されました。お母さんも、尊敬している校長先生の、三十分のお説教も聞けんような子になってしまったかと、「ちょっとおいで」と言って向かい合いましたが、校長先生のお言葉でも聞かんような子が、お母さんの言葉で聞けるはずがございません。出てくるのは涙ばっかり。いつまで待っても、お母ちゃんなんにも言わんと、膝《ひざ》の上に涙ばかり落としてる。

「お母ちゃん泣くな、もうせえへんワイ」

校長先生の、立派な校長先生の三十分のお説教の届かん奴も、お母さんの悲しみにはポロリといってしまうんです。

ほめるとか、叱るとか、そんな口先の問題ではなくて、何をこそ親のよろこびとし、何をこそ胸の痛みとして泣いていくか、そのお母さんのあり方によって、子どももさんはきっとすばらしく「やるぞ」ということにならずにおれなくなってくるはずでございます。

尊敬と信頼の〝心のかけ橋〟

最後に、教育は尊敬と信頼の関係の中でのみ行われます。

ですから、共産主義のソ連でも、日本なんかよりはきびしく教育をやっているようですが、特にこのことだけは、というのを生徒規則に決めました。それについては特にきびしくやっているようでした。

生徒規則のとっぱじめから、

「校長先生を敬い、先生を敬い」

と出て参ります。読んでいきますと、

「親の言い付けを聞き、その手助けをする」

「弟や妹の面倒《めんどう》をみること」

共産主義であろうが、何主義であろうが、尊敬と信頼の関係がこわれては教育は成り立たん、ということでございます。

ところが日本の場合、大学に行っても先生に向かって、

「てめェ」「バカヤロー」

こうなったらもう、どんな立派な学校つくってもダメでございます。

どうか、先生方の信頼を大事に育ててあげてください。先生方のためではなくて、お子さんのためです。

ほめるとか、叱るとか、
そんな口先の問題ではなくて、
何をこそ親のよろこびとし、
何をこそ胸の痛みとして泣いていくか、
そのお母さんのあり方によって、
子どもさんはきっとすばらしく
「やるぞ」ということにならずにおれなく
なってくるはずでございます。

信頼のできん教師に会う。こんな可哀想《かわいそう》なことはございません。どうか信頼を育ててやってください。その代わり先生方は、今度は、お父さんお母さん、おじいちゃんおばあちゃんを、尊敬、信頼するように頑張っていただかなくてはなりません。

二宮尊徳《にのみやそんとく》様は、

「お風呂の水をかき寄せると、かき寄せたものは向こうへ逃げて行ってしまう。向こうへ押した水はこちらのほうへ返って来る」

と経済の法則を教えてくれておりますが、尊敬、信頼の関係もこれでございます。

どうか、この中学校に本気でお風呂の水を送ってくださいませ。先生方はお家のほうへ向かって、お父さんのみか、お母さんをバカにしないように。子どもの前でお母さんを余りボロクソに仰言らんようにお願いしたいと思います。

子どもの心の中にお父さんを育てるのは、お母さんの責任だとお考えになって、お父さんの方向にお風呂の水を送っていただきたい。

この間、敬老の日に、おばあちゃん方に、お孫さんがお母ちゃんに叱られて、「お母ちゃんが叱ったァ――」

言うて入って来たとき、おばあちゃんはどうしますか？　たずねてみました。

「そうか、そうか、お前のお母ちゃんヒステリーやでな」（笑声）

どうかそんなこと仰言られんようにしてください。お母ちゃんの叱り方に問題があるとお考えになっても、

「お母ちゃんを怒らせるような子は、おばあちゃんもきらいや。おばあちゃんも一緒にあやまってあげるからナ、さああやまりに行こうよ」

「お母さん、もう二度と再びこんなことしません。許してください」

お孫さんと一緒にお母ちゃんに頭を下げることによって、子どもの心の中に、〝母親を信じる心〟を大事にしてくださるおばあちゃん。

お孫さんを抱っこして、お嫁さんのお勤めを送ってくださり、

「お母ちゃん、早う帰ってョ」

そのひと言の中に、孫の信頼をどう母親に結びつけるか、希いをこめての「お母ちゃん、早う帰ってョ」

お孫さんにおやつをあげてくださる時、

「お母ちゃんにも一つ残しておこうや」

そんな言葉で、〝孫の心を母親に〟と考えてくださるおばあちゃんであってくださる時、

「このおばあちゃんがいてくださるおかげで、家《うち》のことほっといて、お勤めに出させていただく。おばあちゃんを大事にしなけりゃァ」

ということにもなるんじゃあないでしょうか、とおばあちゃん方に申し上げたことでございます。


どうか尊敬と信頼の〝心のかけ橋〟のかけ合いを。

幸い、ここの中学校の先生方は一つながりになってくださっている。生徒さん

が一つになって頑張ってくださってる。ここでまた一つになって、尊敬と信頼の心のかけ橋をますます大切に築き合っていただきたい、ということでございます。

子どもたちのために

最後に、大阪の六年生の子が、「靴音《くつおと》」という詩を書いているのを読んで、お別れしたいと思います。

靴　音

コツ、コツ、コツ。
お向いの小父さんのくつ音
コツ、コツ、コツ、
こんどはおとなりの小父さん。

八年前に
お父さんに死なれた私は
お父さんのくつ音を知らない。

やぶれたくつをはいたお父さんでも、
少しぐらいビッコをひいたお父さんでも
かまわないから、
お父さんの
くつ音がききたい。

一度でいいから
きいてみたい。

子どもの切実な希いです。

子どもにとってお父さんは、世界三十何億の誰にも代えることのできない大事な方でございます。お母さんも、世界一大事な方でございます。

どうか子どもさんのためにも、ご健康にくれぐれも気をつけてくださいまして、自分の二本の脚で歩いて行くのを、後からいつまでも見つめてあげ、見守ってあげてくださることができますように、身体に気を付けてお元気で頑張っていただきたいのでございます。

どうも長い間失礼をいたしました。

堅い床の上でひどい目にあわせましたが、お許しいただきたいと思います。お許しください。

どうかお元気で。

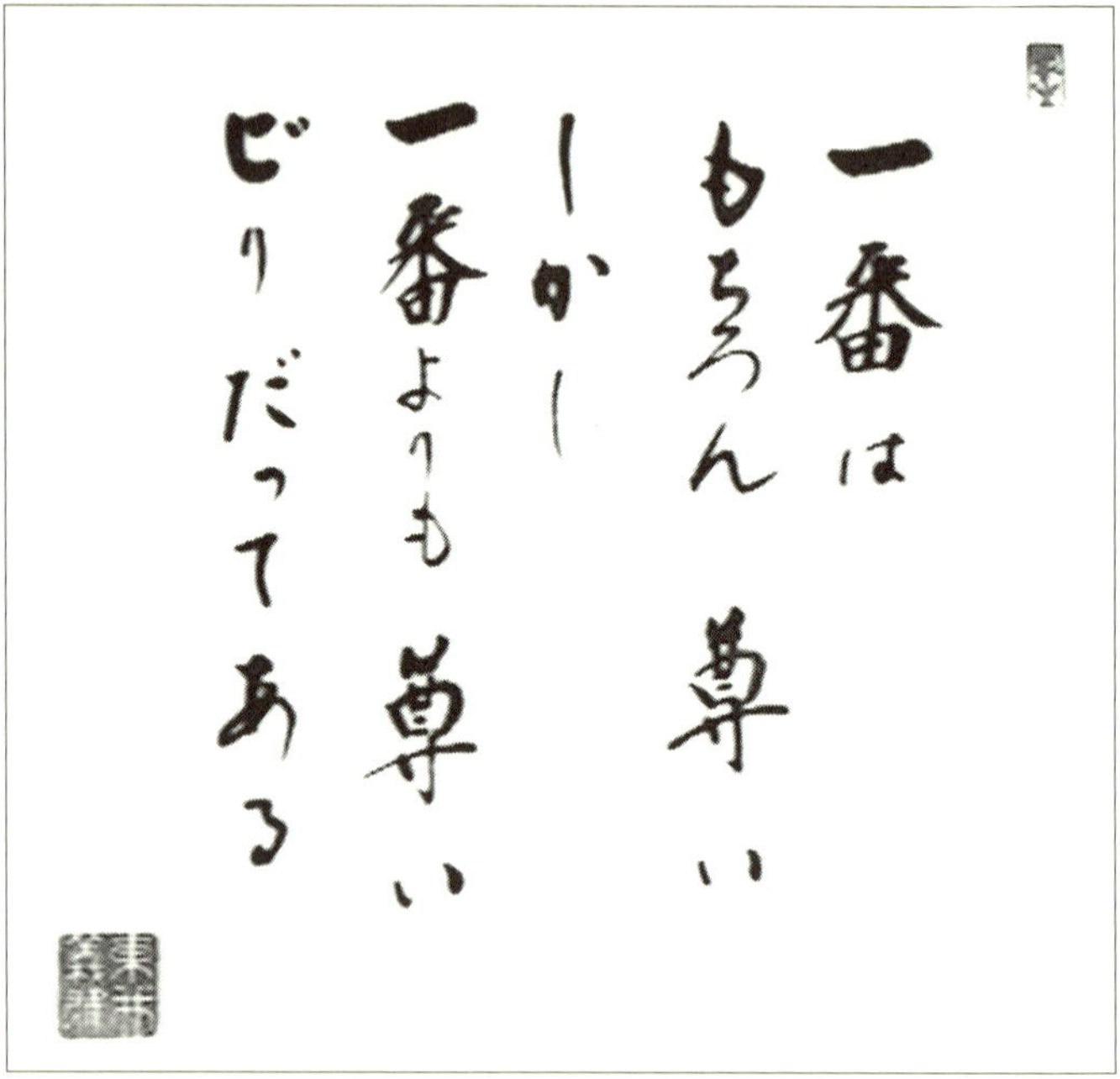
一番は
もちろん 尊い
しかし
一番よりも 尊い
びりだってある

父親は何をなすべきか
母親は何をなすべきか

はじめに

校長先生から、大変ありがたいご紹介をいただきましたけれども、人間というものは、一目面《ひとめつら》を見ますと、大体どれくらいの代物《しろもの》かということがわかってしまうものでございまして、お見かけの通り貧弱な存在でございます。大体、こういう人間になってはダメだぞ、という見本みたいのが私でございます。

こういうのが教員になりましたので、ロクな教員になれません。年をとるにつれて、「お前、校長になれ」と、あちこちからすすめてもらいましたが、校長になってやれる自信があるのなら、人から言われなくたって進んでなりますが、縦から見ても、横から見ても、私に校長のつとまる力はございません。ですから、どんなにすすめられても、とうとう校長採用願書を書きませんでした。履歴書も書きませんでした。

兵庫県の小学校、中学校の校長の中で、採用願書も書かず、履歴書も書かず校長に押し上げられたのは、私ぐらいでしょう。ですから、とうとうロクな校長になれませんでした。


最後が八鹿《ようか》小学校。その八鹿小学校の養護の先生が、

「校長先生、今日はムシ歯予防デーです。ムシ歯予防の話してやってください」

「歯のない者に歯の話させるなんて、惨酷《ざんこく》やないか、こらえてくれ」

「でも校長先生、話してくださらなんだら、ムシ歯予防デーがつとまりません」

「校長というたら、つらいもんやなァ。ほんならしょうない」

と言うて壇《だん》の上にあがりまして、

「今日はムシ歯予防デーだそうなが、校長先生の歯、虫が食べてしまって、一本もないんや。今あるのは贋物《にせもの》で、本物の歯はないいんや」（笑）

上の入れ歯も、下の入れ歯も外しまして——。

「こういうことになったらアカンぞ。こういうことにならんようにしようと思っ

たら、どうしたらええか。それは、教室に入ってから受け持ちの先生からよう聞けッ」

と言うて壇からおりました。（大笑）

最後まで、こういうことになってはダメだぞ、という見本みたいなことで、ここまで来させていただいた私です。

こういうできの悪い私を、なぜ何遍《なんべん》も何遍もお招きくださるのか不思議でなりませんが、しかし私としては、よくもよくも私のような者をと、感激しながらうかがった訳でございます。

お集まりくださったみなさんには、日本一できの悪い私が申し上げることを聞いていただかなきゃぁならん。大変お気の毒で、申し訳ないことだと思います。しかも、みなさんの座っていらっしゃる板、堅うございますのでねぇ、大変お気の毒だと思いますけれども、しかし、私は、よくもよくも私みたいな者をと思って、感激してうかがわせていただきました。

出会うことの意味

そういう次第でございまして、今日の「出会い」を恵んでいただいたことを、本当にしあわせだと思っております。この前、ご厄介《やっかい》になった時にも、この「出会い」のことを申し上げたのでございますが、今、この「出会い」が粗末《そまつ》になっているのではないでしょうか。

〝出会う〟ということは、ただ顔と顔とが出会ってる、こんなのは〝出会い〟のうちに入らないのですね。

だいぶ前になりますが、全国の小学校の子どもたちから、「お母さん」という作文を集めたことがございます。その時に、横須賀市の沢山小学校の、浦島君という一年生の男の子の作文が入選しました。

ちょっとそれをお聞きください。

＊

ぼくのむねの中に

「おかあさん、おかあさん」ぼくがいくらよんでもへんじをしてくれないのです。

あのやさしいおかあさんは、もうぼくのそばにはいないのです。

きょねんの十二月八日に、かまくらのびょういんで、ながいびょうきでなくなったのです。

いまぼくは、たのしみにしていたしょうがく一ねんせいになり、まい日げんきにがっこうにかよっています。

あたらしいようふく、ぼうし、ランドセル、くつで、りっぱな一ねんせいを、おかあさんにみせたいとおもいます。

ぼくはあかんぼうのとき、おとうさんをなくしたので、きょうだいもなく、おかあさんとふたりきりでした。

〈可哀想《かわいそう》に、浦島君は赤ん坊の時お父さんを亡くしたといいます。子どもにとって、何がしあわせが悪いと言っても、お父さんお母さんがない子ほど、しあわせの悪いものはございません。

世界には、四十億の人間が住んでいるんだそうですが、その中には、偉い人、賢い人が沢山いるんでしょうけれども、どんなに偉い人が沢山いても、自分のしあわせを、世界四十億のどんな偉い人よりも真剣に希《ねが》ってくださるのが、お父さんお母さん。ただ一人の、世界一の大事な方。こんな方を亡くした子ども、こんな可哀想なもんございません。

私も、小学校一年生になったばかりの五月に母を亡くしたので、新しい学年がはじまって、新しい子どもたちが入学して来ます時、真っ先に調べずにおれませんでしたことは、「この中に、お父ちゃんのない子はいないか、お母ちゃんのない子はいないか」という問題だったんですが、浦島君も、そういうしあわせの悪い子どもです〉

そのおかあさんまでが、ぼくだけひとりおいて、おとうさんのいるおはかへいってしまったのです。いまは、おじさんおばさんのうちにいます。

まい日がっこうへいくまえに、おかあさんのいるぶつだんにむかって、「いってまいります」をするので、おかあさんがすぐそばにいるようなきがします。

べんきょうをよくしておりこうになり、おとうさんおかあさんによろこんでもらえるようなよいこになります。

でも、がっこうでせんせいが、おとうさんおかあさんのおはなしをなさると、ぼくはさびしくってたまりません。

〈無理もございません。お仏壇《ぶつだん》の中にお父ちゃんもお母ちゃんもいらっしゃるんだと考えて、学校へ出かける時には、お仏壇に向かって、

「お父ちゃんお母ちゃん、行って参ります」

と、ご挨拶して学校に出る浦島君ですが、学校で先生が、気楽げに、事も無げに、〝お父さん〟だとか〝お母さん〟だとか言う。このズッシリと重い言葉を、軽っぽくお使い

になる時、お仏壇の中のお父ちゃんやお母ちゃんでは我慢ができなくなってしまう。そういう時のやりきれない思いを、浦島君はどうやって我慢するんでしょうか〉

でも、ぼくにもおかあさんはあります。いつもぼくのむねの中にいて、ぼくのことをみています。ぼくのだいすきなおかあちゃんは、おとなりのミイぼうちゃんや、ヨッちゃんのおかあさんより、一ばん一ばんよいおかあさんだとおもいます。

〈淋《さび》しくって、みじめで、やりきれなくなった時、浦島君は気が付くんです。『いいよ、僕にもお母ちゃんあるんや。僕のお母ちゃんは、いつも僕の胸の中にいて、いつでも、どこへ行っても僕のことを見てくれるんだ。僕の胸の中のお母ちゃんは、ミイ坊ちゃんのお母ちゃんや、ヨッちゃんのお母ちゃんより、もっともっといいお母ちゃんなんだぞ』と気が付いて、このやりきれない思いを我慢するんです〉

おかあさん、ぼくはりっぱなひとになりますから、いつまでもいつまでも、ぼくのむねの中からどっこへもいかずにみていてください。

＊

と結んでいるんですが、この浦島君は、もはや世界中のどの国を探しても、お父さんの顔にも、お母さんの顔にも、顔と顔の出会いのできないしあわせの悪い子どもです。

しかし私は、浦島君はしあわせ者だと思います。

なぜか、いつでも、どこへ行っても離れてくださらんお母さん。ミイ坊ちゃんのお母さんや、ヨッちゃんのお母さんより、もっともっといいお母ちゃんと、いつでも、どこでも一緒だからです。

おかあさん、
ぼくはりっぱなひとになりますから、
いつまでもいつまでも、
ぼくのむねの中からどっこへもいかずに
みていてください。

これが本当に出会ってる姿でしょう。これに比べましたら、毎日お父さんやお母さんの顔に出会っている子どもの中にも、お父さんお母さんの〝お心に出会う〟ことのできていない子どものほうが、しあわせの悪い子どもかもしれんと思いますね。

しかも、この〝出会い〟がある限り、浦島君のこれからはじまる長い人生の間には、いろんなつらいことや、苦しいことがやって来るに違いがございませんが、浦島君なら、どんな難儀、苦労に出会っても、この、お父さんお母さんとの〝出会い〟をふまえて、強く生き抜いてくれるに違いないと思いますね。

出会いの中に人間のしあわせがある

教育は「出会い」からはじまって行くんですね。そして、この出会いの中に人間のしあわせがある、ということじゃないでしょうか。

ところが、今、この「出会い」が粗末になっているんじゃァないでしょうか。

家の中でも、世の中でも、国でも、ガタビシ、ガタビシ……。

〈我・他・彼・此〉――板書なさる――

わしじゃ、お前じゃ、あいつじゃ、こいつじゃと、こわれる方向、分裂する方向、そちらにどんどん、家の中も、世の中も、国も進んで行きよるんじゃないでしょうか。

こんな方向に「しあわせ」はございませんね。出会いの方向に「しあわせ」があるんだ、ということを考えたいと思いますね。

福知山《ふくちやま》市に、大正小学校というのがございます。そこのＰＴＡの講演に出かけました時、校長室で待ってましたら、私のよく知ってるご婦人が入って来られました。

「先生、私、こんな所へ来てるんですよ。二人も子どもがある所に後妻に来てるんです。

ここから話があった時、父も母も、

『義理の間というものが、どんなにむずかしいものか。少々縁がおくれたからと言って、あわてて行かんでもいい』〈胸の手術をなさって、結婚が遅れてたんです〉

義理の間というものが、どんなにむずかしいものか。父も母も、七人兄妹の沢山の兄妹も、

『姉ちゃん、あわててそんな所へ行くな』

みんなとめてくれましたが、私は子どもが好きです。一生懸命可愛がったらうまく行かないはずはないと、振り切ってお世話になったんですが、やっぱりこのままつとまるか自信を失いました。

小さい女の子は、『お母ちゃん、お母ちゃん』と、うるさいぐらい甘えてくれるんですが、五年生の兄のほうが、学校の成績もいいんですが、しっかり者で、この前も、亡くなった奥さんが掛けていた暖簾《のれん》がすすけて、古ぼけて、暑くるしいので、福知山の町で、安いのでしたけれども、涼しそうなのを買うて来て掛けました。

『死んだお母ちゃんのこさえたもの、みんな取ってしまうんやな！』

折角《せっかく》、私が掛けた暖簾を引きちぎって、踏台持って行って、すすけた、古ぼけたのをまた掛け直すんです。

お姑《しゅうとめ》さんが、古着なんかをボロ屋さんに売るように荷造りしてくださっていました。それをボロ屋さんに売ったんですが、このお金は、私たちの世帯のことに使っては悪いと思って、五年生の子どもの貯金箱の中に入れておいたんです。

『貯金箱の中の金が増えとるが、どないしたんや』

『今日、ボロを売ってね、あんたの貯金箱の中へ入れといたんよ』

『お母ちゃんのを売っちまったんやろ！　お母ちゃんのはなんでも粗末にすんやなッ』

良かれと思ってしたことが、ことごとにそんなふうに言われて、もう自信を失いました」

と泣きながら仰言るんです。

つらいでしょう。ようわかります。でも私には五年生の子どもさんの気持ちもわかる。

私も母に離れて、義理の母に仕えたんですが、お盆が来てお墓に参った時、義理の母が、真っ先に死んだ母の所に花持って行って供えてくれた。子ども心に、それがどんなに嬉しかったか。

その五年生の子どもさんが、亡くなったお母さんを大事に大事にしてる。そちらに向いてる心を、あなたは自分のほうへねじ曲げようとしているんじゃァないんですか？　その五年生の子どもが、大事に大事にしてるお母さんを、あんたも一緒になって大事にするところから、出会いの世界が開けてくるんじゃァないんですか、と言って、こんな作文聞いてもらいました。

千葉県の羽根井信綱君という四年生の男子の作文でした。

＊

「今日はお母さんのお命日よ」

と知らせてくれる今のお母さん。お仏壇にいつもお花を供えてくれるのも、このお母さん。

〝お母さん、ぼくはしあわせなの。だからお母さんのお命日まで忘れてしまうんです。悪いぼくですね。〟

と言って、今度もおわびをしたんです。

亡くなったお母さんは、いつもぼくとねながら、

「お父さんは、いつになったら復員するのでしょう。ねえ信ちゃん」

と言って涙ぐんでいた。

そういうお母さんの顔が、お仏壇の中から浮かび上ってくる。ぼくはうっかりお母さんが懐《なつ》かしくなって、お仏壇に向かって、

「お母さん」

と呼んでしまった。するとお勝手のほうで、

「はい」

と返事がして、ぼくはあわてた。

〈亡くなったお母さんを呼んだら、今のお母さんが返事をしたんです〉

お母さんの姿があらわれて、

「なあに」

と言われても返事ができなかった。でも、無理に笑って、

「何かいいものない？」

と言うと、

「お待ちなさい。お母さんにお供えしてからよ」

と言って、草もちがお母さんに供えられた。

そして、お仏壇に向かって、長い長いおまいりをしてる。時々、「信綱ちゃんが……、信綱ちゃんが……」と、ぼくのことをお仏壇のお母さんにお話ししてる。

それを見てるぼくの目に、涙のようなものが浮かんできた。

ぼくの目はかすんでしまった。お母さんは、そんなことはなんにも知らないよ

うすで、お仏壇にお話ししている。ぼくはお仏壇の中のお母さんと、その前でおまいりしてるお母さんを、いろんなふうに考えてみた。

お父さんや、ぼくだけでなく、亡くなったお母さんにまで……。ほんとうにぼくはしあわせだ。

夕飯の時、このことをお父さんに話したら、

「お前が可愛いから、お母さんはほんとうのお前のお母さんになろうとしているんだよ」

と仰言った。

ラジオがやさしい音楽を送ってくれている。テーブルにはお命日のご馳走《ちそう》が並んでいる。お父さん、お母さん、お仏壇の中のお母さん。ほんとにぼくはしあわせだ。

「お母さん、長生きしてね」

と言ったら、そばにいたお父さんは笑っていたけれど、ぼくは、亡くなったお母さんが生まれ代わって来た、それが今のお母さんだと考えて、ほんとうは、お

母さんのお命日を忘れようとしているんです。

という作文を聞いていただいたんですが、私たちのしあわせも、子どもの教育も、「出会い」の中からはじまっていくんですね。

＊

人間らしさを育てる

この前、ご厄介になりました時にも、お家《うち》の中で、

「出会いのできていないお年寄りはないだろうか？」

ということを申し上げたことがある。私が校長を退職します時、その年の〝敬老の日〟に、子どもたちに作文を書いてもらいました。

三年生の堀井みや子ちゃんという子が、こんなのを書いてくれました。

＊

私の家のおじいちゃんは、かわいそうなおじいちゃんです。私の家のおじいちゃんは、おばあちゃんがいないのでいつもさみしそうです。

それで、お母ちゃんが、

「おじいちゃんに、やさしゅうしてあげてよ。おじいちゃんがよろこびんさるでな」

いつも言われます。私は、朝起きると、

「おじいちゃん、おはよう」

と言います。すると、おじいちゃんも元気よく、

「おはよう」

と言っておくれます。

夕方、仏さんになったおばあちゃんに、おだんごとお茶をそなえよったら、お

じいちゃんが、

「すまんなあ、すまんなあ」

と言われたから、私は、

「またそなえてあげるで」

と言いました。

おじいちゃんは晩になると、テレビを見ます。新しい歌があったら、

「ほう。またええ歌がはじまった」

と言って、手をたたいてよろこばれます。おじいちゃんがあんなにテレビを見てよろこんどりんさるんだから、私は古い白黒のテレビを見て、おじいちゃんには、カラーテレビで歌を見せてあげます。

おじいちゃんは、うれしそうに口を開けたり、手をたたいたりして見ます。そんな時は、おばあちゃんのことは忘れておられるように思われます。でも、終わってしまうと、またションボリしています。きっとおばあちゃんにも見せてやりたいと思っとりんさるんだと思います。

私は、お母さんといっしょに、おばあちゃんの役をしてあげようと思います。

＊

このお母さんの、この人柄によって、ちゃんと「出会い」ができてるんですね。そして、このみや子ちゃんが、本当に人間らしいものを育てられているんです。

五年生の、田畑やす子ちゃんが、こんなものを書いていました。

＊

だいぶん前のことです。私の家のおじいちゃんとおばあちゃんがけんかをしました。私は、おじいちゃんおばあちゃんの言葉のやりとりを聞いて、おじいちゃんもおばあちゃんもかわいそうに思いました。

二人のけんかの原因は、おばあちゃんの病気がもとでした。

私のおばあちゃんは、前の前の年に乳がんで手術をしたのです。乳がんという病気はとてもこわい病気で、それにかかると、たいていの人は死んでしまうそうです。

ところが、私のおばあちゃんはふだんから元気だったので助かったのです。その時おじいちゃんは、

「よかったなあ、よかったなあ」

と言って喜んでいました。

でも、退院してから二年目に、またグリができたのです。お医者さんに聞くと、

「もう一度手術をしたほうがええ」

と言われました。それで、おばあちゃんは、「手術をしてもらいたい」と言いました。そしたら、おじいちゃんが一生懸命に反対しだしたんです。

おじいちゃんは、

「おれは前から、言わめえ言わめえと思っていたけれども、本当のことを言うと、お前は〝がん〟だったんだぞ。これ以上切ったりしたら、お前は死んでしまうかも知れんのだぞ」

とうとう、言われんことを言ってしまいました。

〈おばあちゃんに、がんであることは言わないように約束ができていたんでしょう。おばあちゃんは知りませんから、この前のように手術をしてもらったら楽になると考えて、「手術をしてもらいたい。もらいたい」と言う。おじいちゃんは、とうとう我慢ができなくなったんです。こんなおばあさん、これ以上手術なんかしたら死んじまうと、とうとう、言わないように約束していることを言うてしまった〉

その時、お母ちゃんが、

「おじいちゃん！」

と言って、だまって下を向いてしまいました。

〈このお母ちゃんがありがたいんです。言わないことになっていたことを、おじいちゃんが言ってしまった。おばあちゃんががんであったことの胸の痛みが、もう耐えられなくなって、お母ちゃんは思わず、「おじいちゃん！」言うて、おばあちゃんの心の痛みを庇《かば》おうとする。これが、家庭というところですね〉

おばあさんは、

「そうだったんか」

と言って、だまってしまいました。

私は、

「あれだけ言わんように約束したのに、なんでおじいちゃんは言うたんや。おじいちゃんのバカ。おばあちゃんがかわいそうやないか」

と言いました。

〈やす子ちゃんもたまらなくなって、おじいちゃんに食ってかかったんですが……〉

でも、おじいちゃんも、

「切ったら死んでしまう。切ったら死んでしまう」

と、なんべんも言っていたから、やっぱりおばあちゃんが助かって欲しいのだと思います。

〈おじいちゃんに食ってかかったんですけれども、おじいちゃんが、そう言わずにおれない気持ちがちゃーんとわかっているのですね〉

それでも私は、おじいちゃんの考えには反対です。がんはほっておいたら絶対に治《なお》らないからです。ほっておくより手術をしてもらったほうが、助かるほうが余計だと思います。人間の命は一つしかないので、やっぱり助かるほうが余計のほうにすることがよいと思います。

それで私も、おじいちゃんに、

「おばあちゃんを助けようと思ったら、お医者さんの言われるようにしたほうがええで」

と、言いました。

おじいちゃんの目に涙が浮んでいました。おじいちゃんは、体をブルブル震わせながら、

「もうええ、もうええ」

と、言いました。

それで、とうとうおばあちゃんのグリを取ることになりました。

「おじいちゃんも、おばあちゃんも、ちょっとでも長く生きておくれ」

と、おじいちゃんとおばあちゃんにたのみました。

それから二、三日して、おばあちゃんは豊岡病院にグリを取ってもらいに行きました。手術は簡単で、その日におばあちゃんは帰ってきました。おばあちゃん

はうれしそうに、

「やれやれ、これで助かった」

と言って、よろこんでいました。おじいちゃんも、お母ちゃんも、お父ちゃんも、

「よかったなァ、よかったなァ」

と言ってよろこんでいました。私も、これなら運動会にも来ておくれるだろうと、うれしくてなりませんでした。

ところが、私たちのそんな喜びもそう長くは続きませんでした。七月になってから神経痛が出て、ずーっと起きていることができなくなってしまったのです。おばあちゃんは苦しそうでした。むし暑い日には、シワの入った顔や手にジリジリと汗がにじんで出てくるのです。お母ちゃんもお姉ちゃんも、その汗をふいてあげたり、うちわであおいであげたりして世話をしました。

夏休みになってから、おばあちゃんの病気はますます重くなって来ました。病院の先生は、

「もう一度入院したほうがよい」

と、言われました。それをおばあちゃんに言うと、

「もう入院しとうない」

と言ってきかないのです。

「いくら良い薬があり、良いお医者様がおられ、良い施設があっても、自分の家のほうがよい」

と言うのです。

きっとおばあちゃんは、私たち家の者と一しょにいたいのだと思います。

〈人間の、最後の心の落ちつくところは、このみんな〝出会いの世界〟にあるんですね〉

一日、一日、目に見えておばあちゃんは弱って、だんだん、言いたいことも言えなくなってしまいました。耳のそばで、

「おばあちゃん」

と言っても、

「ウン、ウン」

と言ってるだけで、なんにも言わなくなってしまいました。それに、食べる物も、牛乳ぐらいで、ほとんど食べなくなってしまいました。

お盆が過ぎて間もなく、とうとうおばあちゃんは、私たちと違う世界に行ってしまいました。私はその時は、大声を出してワンワン泣いてしまいました。

おじいちゃんは、

「なんでわしより先に死んだりするんじゃ。わしは、お前に世話をしてもろうて死にたかったのに、なんでわしより先に死んだりするんじゃ」

と言って泣きました。

私はこの時、おばあちゃんの代わりにおじいちゃんの世話をしてあげようと、決心しました。

次の日はお葬式でした。お葬式が終わってから焼場に行きました。鉄のとびらがあって、とてもこわい所でした。こんな所でおばあちゃんが焼かれると思うと、かわいそうでなりませんでした。

煙突《えんとつ》からうす黒い煙が出ている。その煙の中に、おばあちゃんの顔が写りました。私は、

〝おばあちゃん、しあわせに〟

と、心の中で祈りました。

二学期がはじまってから、時々その場所を通ります。今日も煙が出ていました。

〝だれかがまた悲しんでる〟

そう思うと、よその人でもかわいそうでなりません。

＊

教育とは何のかかわりもないことのようですが、こういう中で、人間らしい子どもが育てられていくんですね。

教育の土づくり

お百姓《ひゃくしょう》さんの言葉に、
「下農《げのう》は雑草を作り、
中農は作物を作り、
上農は土を作る」
つまらんお百姓さんは雑草ばかりつくってる。いいお百姓さんは、いい土をつくることによって、作物がひとりでに、いい作物にならずにはおれなくなる、と聞いておりますが、〝教育の土づくり〟は、こういう人間の出会いの過程をつくること。これが教育の土づくりというものじゃァないでしょうか。

幸い、私は、みなさんのお宅がどんなになっているか、ちっとも存じませんけれども、ここの生徒さんの、靴箱の靴のかかとを踏んづけたのがありませんね。あちらこちらの中学校にうかがいましても、たいてい中学生というのは、このかかとを踏んづけてしまっている。

ここの生徒さんは、あの、靴のかかとを踏むことに胸の痛みを感じ、〝靴が痛いだろうな〟と、痛みを感じるという、こんな生徒さんが育てられている。ということは、この学校の教育がそうなっているのか、お家《うち》の、人間らしい、この出会いが大切にされているのか、きっとそういうことに違いないな、と思う訳ですが、この〝出会い〟を大事にしていただきたいですね。

親と子の間の出会い、先生と子どもとの間の出会い。教育は、この出会いからもはじまって行くんでしょう。

子どもの希いに触れる

人間に屑《くず》はございません。

みんなどの子だって、つまらん子になりたい子は一人もいないんです。いい子になりたい子ばっかりなんです。その希《ねが》いに触れてもらったら、子どもたちはみんな「やるぞ！」ということになってくれるでしょう。

私の最後の学校に、けんかしてけんかしてしようのない珍坂君《ちんざか》というのがございました。ある日もけんかしました。担任の宮本先生が呼びました。

珍坂君、ビクビクしながら先生の所へ行ったんですが、

「お前は、けんかしてけんかしてしょうのない奴だと思っとったけんどな、気が付いてみたら、お前は、自分より弱い奴とは一ぺんもけんかしたことはないな、お前のけんかは見どころがあるぞ」

と言われて、珍坂君がハッとしました。私は毎朝、学校内をグルグル回っていましたが、小さい一年生の教室に行って、小さい子の世話を一生懸命にやる珍坂君に変わってくれましたねぇ。

谷君という、病院の院長さんの息子のくせに、人がこわくって、内気で、引込み思案《じあん》で、学校に来るのが恐ろしくって、担任の先生が、

「どうしてお前、しゃんとせんのや、元気を出せ」

と、つつけばつつくほど、ますます内気になっていく谷君でしたが、六年生になりました時、一番若い米田先生という男の先生が担任してくれました。

「谷君、気が弱いということはなあ、つまらんことじゃぁなくて、すばらしいことなんだぞ。

近頃のやつらは、みんな自分のことばっかり考えて、人の気持ち考えるやつがなくなってきよるんだが、お前は、自分のことより、パッと人の気持ちがわかってくるじゃあないか。

これは、君が鋭いということだ。どうか、お前の気の弱さを大事にしろ」

と言われて、谷君がハッとしましてね、それから胸を張って学校へやって来てくれるようになりました。

人間屑はないんですねぇ。みんなどっかに、その子しか持たん値打ちを持ってるんですね。どうか、お父さん、お母さん方、世界四十億のみんなが、

「あの子はアカン」

と言うても、お父さん、お母さんぐらいは、自分のお子さんの値打ちがどこにあるのか、ちゃんとご承知いただいて、それに出会ってくださったら、

「やるぞ！」

ということにならずにおれなくなってくるんですね。

子どもたちに出会ってやってくださいませ。

父親の責任

東北の、鈴木道太という先生が、

「新しい本を書いたので、批評してくれ」

と、送ってくれたのを読んでみましたら、東北のＰＴＡの会長さんの述懐《じゅっかい》が出ておりました。こういうお父さんが欲しいなあと思うんです。

＊

私の長男は、敏夫といって、今、高校の三年生ですが、その子がたしか小学校三年生か四年生の時です。

粉雪がチラつく寒い夕方でしたが、私が外出先から帰って来たら、仏壇の前に家内が五、六百円の小銭《こぜに》を上げておいたうちから、二百円程とって買い食いをしたと言うのです。

ちょうど外出先で、ちょっと面白くないことがあって、ムシャクシャした気持ちでいた時に、

「お父さん、敏夫はね……」

と、その買い食いの話をされたもんですから、私も思わずカッとなって、

「敏夫ッ、来い！」

いきなり敏夫の手を引っ張って、

「いいか、お前のやったことがどんなに悪いことか、お父さんが教えてやるから

な！　いいか、お前に今から水を五杯かぶせる！」

と言ってしまいました。

何しろ零度に近い寒い頃ですから、家内がびっくりして、

「お父さん、そんなことしたら敏夫が死んでしまいます」

泣いて止めるんですが、私は聞きません。無理やりに敏夫の服を脱がしてパンツ一枚にしてしまいました。

「しかしなあ、お前がそういう悪いことをしたのは、お前が悪いだけじゃぁない。そういう悪いやつを育てたお父さんにも責任がある。だから、お父さんは今から水を五杯かぶる」

と言って、私も服を脱いでパンツ一枚になり、子どもを抱いて外に出ました。池の氷を割って、先《ま》ず私がバケツで水を五杯かぶりましたが、まるで心臓が止まるような冷たさです。

ところが、私が、ザ、ザーッと水をかぶってる目の前で、その冷たい水のしぶきが子どもの体にははね返るのですが、目に涙をタラタラ流しながら、そのとばっ

ちりを避けようともせず、ブルブル震えて立っている息子を見た時、この時ほど、〝この息子は、私の血を分けた大事な息子だぞ〟と、実感をもって胸に迫ったことはありませんでした。

トランプをしたり、キャッチボールをして遊んだりしている時も、自分の息子だと考えていたことには変わりはありませんが、私のバケツの水のしぶきが、自分の体にはね返ってくるのに、それを避けようともせず、逃げようともせず、タラタラ涙を流して、じっと見つめている息子の顔を見た時ほど、〝これは、俺の血を分けた大事な息子なんだぞ〟と、心の底から感じたことはありませんでした。

それから、心を鬼にして、息子に三杯水をかけたら、息子はすくんでしまいました。あとの二杯は、半分くらいにして、数だけは約束通り五杯かぶせると、私は息子を横抱きにかかえて、風呂場に駆《か》けこみました。

そして、乾いたタオルで、ゴシゴシ息子の体をこすってやったのですが、そしたら息子が、わきのタオルでゴシゴシ私の腹をこすってくれるのです。私は、思わず息子を抱いて、男泣きに泣いてしまいました。

それから敏夫は、間違っても自分のお金でないものには、投げておいても手を触れない子どもになってくれましたが……。

＊

これをお母さんにお願いするのは惨酷《ざんこく》ですねぇ。お母さんはやっぱり、「お父さん、そんなことをしたら敏夫が死んでしまいます」

泣いて止めてくださるのがお母さんでしょう。つらくってもこれはお父さんがやってくれんならん。

お父さんの、この「責任」が忘れられているんじゃァないでしょうか。

どうかお父さん方に、お父さん方の人生の体験の間、「この一点」だけはというものを、間違いなしに届けてあげていただきたいですね。

独楽《こま》は心構えが立ちますとグラグラしなくなります。その、「何を」「これだけは」というものを、お父さんが届けてくれる必要があるんじゃぁないでしょうか。

父親を子どもに届けるのは母親

ところがね、男というものはつまらんもんでございまして、一昨年《おととし》、大阪の小学校三年生に、作文の授業をやれ言われまして、〝父の日〟でしたので、お父さんの作文書かせたろう思いまして、

「目ぇつぶったら、どんなお父さんの姿が浮かんで来るか？」

聞きましたら、

「週刊紙持って、テレビの前で寝ころんで、お母ちゃんに叱られてるところが浮かんでくる」

「ぼくもそうや」

「ぼくもそうや」

言うて、大騒ぎになってしまいました。

今の子どもはね、「お父ちゃん」言うたら、週刊誌持って、テレビの前で寝こ

ろんで、お母ちゃんに叱られる姿。これがお父ちゃんや思うてる。

昔は一緒に働きましたので、お父ちゃんの苦労がちゃんとわかったんですが、今の子どもはね、お父さんの一番たるんでるところが、これがお父さんやと思うてる。そのもう一つ向こうに、男の〝どんな大変な、きびしい世界があるか〟ということは見えなくなっているんです。

これは、働きの姿が変わってきたということも原因なんですが、しかし、男が、「お前の見えん所で、お父さんはこんなに頑張っているんだぞ」それを口に出して説明するようでは、男じゃあございません。男は説明しません。説明すると値段が下がりますからね。

その大変さを届けてくれるのはお母さんの責任なんですよ。ところが、その肝《かん》腎《じん》のお母さんが、

「そんなに怠《なま》けていると、お父ちゃんみたいになっちまいますよッ！」（大笑）

扇風機の芯棒《しんぼう》バラけさしてる犯人がお母さんなんですよ。

お父さんの大変な働きの姿、一ぺん、子どもさん連れて見せてやったらどうでしょうか。

西宮のね、私の友達の先生の学校で、そういう運動をやりましたらね、あるお母さんが書いてるんです。

「正直言って、私は最初、主人が言い出すまではなかなか決心がつきませんでした。主人が、課長さんや、支店長の家ならともかく、食堂の一コックの父親の姿を、何か連れて行ってまでも見せたくないような気持ちがございました。けれども、連れて行って、この気持ちがふっ飛びました。そんなことと思っていた私のほうが恥ずかしくなって、主人にも、子どもにもすまないような気持ちになりました」

お母さんがお書きになっている。

その連れて行かれた小学校の女の子ですが――

「先生、私はきのうお母ちゃんと二人で、お父さんの工場へ行きました。友達のお父さんが、どっかの課長さんだとか、放送局に勤めているというような話の時、私はいつも黙っていました。私のお父さんは、工場の食堂のコックさんだと言うのが、なんだか恥ずかしくてならなかったのです。

でも私は、今日からそれが平気で言えるようになった気がします。

お父さんが、白い服装をして、コック帽をかぶって、一生懸命働いているのを見ました。野菜サラダのようなものを作っていました。お父さんは、びっくりする程速い手つきで、テキパキ作っていました。今まで、あんなお父さんを見たことがありませんでした。何かよその人のような気がするくらいでした。でも、やっぱり私のお父さんでした。お父さんは、恥ずかしそうな顔などちっともしていません。私だけがなんで恥ずかしがっていたのか、と思うと、何か悪いことをしたような気がしました。

お昼のサイレンが鳴ると、お父さんたちの作ったサラダを、大勢の工員さんたちが、待ちかまえたように食べているのを見ると、私までなんだか嬉しくなりました。みんな残さずに食べてもらえるかと、ジッとそれを見ていました」

お父さんのきびしくやってる姿を見ると、子どももシャンとしてくるんですね。どうか、コノ、お父さんを子どもに届けるのは、お母さんの責任だということを、改めてお考えいただきたいのです。

子どもの心に、扇風機の芯棒を育てるのも、育てんのも、子どもをどんな子にするか、ということも、そのすべての鍵をお母さんがお持ちになってる気がいたします。

父のない家庭であっても

ところが、神戸の中学校でこんなことを申してましたら、話を終わって校長室

に帰りますと、一人のお母さんが、

「先生、無理をおっしゃる。惨酷なことをおっしゃる」

と、泣きながら仰言るんです。

「どうしたんですか？」

と申しましたら、

「私のとこは、そのお父さんがいないんです。死んじまったんです。先生は惨酷なことをおっしゃる」

と仰言るもんですから、小学校四年生の良太君という子どもの作文を聞いていただきました。

*

ぼくのお父さんは、ぼくの小さい時に死にました。それでも、ぼくのお父ちゃんは、どっかでぼくのすることを見とるんや、と母ちゃんはいいます。

母ちゃんは、おこってぼくの頭をたたく時、

「これは、父ちゃんのかわりに母ちゃんがたたくんや」

と言います。

たたかれる時は、ぼくが、言うことをきかない時か、母ちゃんがカンシャクを起こした時です。

母ちゃんはいつも働いているので、家に帰るのがおそくなります。父ちゃんがいないので、その分も働くからです。

ぼくが夕方、戸口の所で待ってると、帰って来て頭をなでてくれます。ぼくは嬉しくなって、

「父ちゃんの分もなでて」

と言います。すると母ちゃんは、

「よし、よし」

と言って、なでてくれます。

この間の晩、ぼくが宿題をやってると、母ちゃんが、

「良太は勉強が好きになったで、ええなあ」

と言いました。

「ちがう、勉強はきらいや」

と言うと、

「勉強のきらいなもんは、偉い者になれやせん」

母ちゃんが言いました。

「ヘェ！　ほんなら、おらの組ではケンちゃんが一番偉いもんになるんかや。ほんなら、おら偉いもんなんかになりたかあねえ」

口ごたえをしました。

ケンちゃんは、勉強はできるかもしんないが、いばるからぼくはきらいです。するとと、母ちゃんは、プスッとしてしまいました。ぼくはだまっていましたが、母ちゃんがものを言わないので、だんだんつらくなりました。

ぼくは母ちゃんの所へ行って、

「母ちゃん、たたいてぇ」

と言って頭を出しました。すると母ちゃんは、

「もうええから勉強しな」

と言いました。

「そんなら、父ちゃんの分、たたいてぇ」

と言いました。そしたら、

「よし、よし」

と言って、母ちゃんは笑いながら、ぼくの頭を一つ、コッンとたたきました。

ぼくは嬉しくなって、また勉強をやりました。ぼくは母ちゃんが大好きです。

＊

母一人、子一人の貧しい家庭ですが、ちゃんとお父さんが育っています。この良太君は、絶対間違いのない子に育ってくれるでしょう。

母の生き様

ところが、長野県の飯田市の連合ＰＴＡの研修会で、三十三の分科会に分かれて家庭教育の問題が話し合われました。

最後の教室で一人のお母さんが、

「私のお父さんは飲んだくれで、教育も何もあったもんやないんです。あんな奴、一体どうしたらええでしょうか」

みなさんに訴えておいででした。

「お父さんが問題のお父さんであることよりも、お母さんが、お父さんをそんなふうに考えていらっしゃる影響のほうがおそろしいですわ」

と言うて申し上げたんですが……。

それで、但馬《たじま》の、今、中学生になっている子が、六年の時に書いた作文を聞いていただきました。

＊

ドンドンドン、

「こらッ！　開けんかァ！」

ドンドンドン、夜中の十二時頃でした。お母さんはとび起きて、入口の戸を開けました。戸を開けるなり、酔っぱらったお父さんが、崩《くず》れるようにして入って来ました。そして、

「お父《と》うが帰って来るのに、なんで戸に錠《じょう》などしちょるんじゃあ！」

と大きな声でわめきはじめました。

みんな黙っていると、今度はお母さんの髪の毛を持って曳《ひ》きずりはじめました。

お母さんは、いつものことだから、ジッとこらえて、お父さんのするがままになっていました。

そのうち、お父さんはふとんの上に座りこんでしまい、ハァハァ大きい息をし

ながら、今度は、

「酒を買って来い」

と言いました。お母さんは、その時はじめて声を出して、

「お金がありません」

と言いました。するとお父さんは、

「もうこれからは、金はやらん。お前らだけで食って行けッ」

とわめいて、今度はお母さんの頭や顔を、げんこつで殴《なぐ》りはじめました。お母さんは、

「こらえて、こらえてぇ」

と泣きながら必死でお父さんから逃げようとしました。でも、ぼくの家はたった二間《ふたま》で、逃げようにも逃げる所がありません。

ぼくは、もう我慢ができなくなって、

「お父《と》う！」

大声でわめきました。すると、

「なんじゃぃ！」

と言って、ぼくをにらみつけました。ぼくは思い切って言いました。

「酒は呑《の》んでもええ。でも、お父さんの生き方は間違ってる」

と言いました。するとお父さんは、

「お前は、おっ母《か》あの味方ばっかりして、あほうが！」

と言って、そばにあった茶椀《ちゃわん》や箸箱《はしばこ》をぼくにぶっつけました。

ぼくはカッとなって、

「お父なんか死んじまえッ！」

と言ってしまいました。

ところが、それまでふとんの上にうずくまって泣いていたお母さんが、

「お前、何んちゅうことを言うんやッ！」

と言って、ぼくのほっぺたを思いきりたたきました。


〈「お父さん死んじまえ」と言った時にこんなひどい目にあって泣いているお母さんが、

「お前、なんちゅうことを言うんや！」と言って、この子のほっぺた、力いっぱいたたきつけているんですね〉

ぼくは、ワッと泣いて外にとんで出ました。

気がついてみると、お宮さんの大きな杉の木の根っこのところにもたれて座っていました。

そして、いつの間に来たのか、ぼくのそばに姉《ねえ》ちゃんが立っていました。ぼくは姉ちゃんと抱き合って泣きました。泣きながら姉ちゃんと家に帰ってみると、もうお父さんはいませんでした。

それから半年、お父さんは家に帰って来ません。どこにいるのかもわかりません。

ぼくのお父さんは、とても大酒呑みで、働いてもうけたお金は全部呑んでしまうのです。だから、お母さんは、朝早くから夜おそくまで工場で働いてきました。

ところが、無理がたたって体をいためてしまい、この頃は三日に一度病院に通っています。お母さんの実家《さと》から十万円借りましたが、お父さんの借金を払ったらなくなってしまいました。

お父さんはどう思っているのだろう。一人で金をもうけて食っていくのだったら、猫や犬でも食っていくのに……。ぼくは腹が立って来ます。

〝もう帰って来ていらん!〟と思うこともあります。

ところが、この間、先生がたずねて来られました。その時、お母さんが、

「今はあんな極道《ごくどう》な人ですけれど、年をとって、誰も相手にしてくれなくなったら、家に帰って来てくれると思います。私はその日を待ちます」

と話していましたね。

その時、ぼくはびっくりしたんです。

お母さんは、あんなひどい目にあいながら、それでもお父さんを待っていると思うと、お母さんがかわいそうでたまらなくなりました。

でも先生、考えてみたら、ぼくのお母さんは偉い人です。今のことより、お父さんの先のことまで心配しているんです。そしてぼくたちが、〝親なし子〟にな

らないように、必死に頑張ってるんです。

ぼくは、お母さんに免《めん》じて、お父さんをこらえてあげようと思います。

それから、大酒呑みのお父さんですが、やっぱりぼくのお父さんです。この間、千枝さんのお父さんが急に亡くなられました。千枝さんは、もう二度とお父さんと会うことはできないのです。

それにくらべて、ぼくのお父さんはまだ生きていてくれます。だから、千枝さんにくらべたら、ぼくのほうがしあわせです。

この間、千枝さんのお父さんの葬式から帰って、姉ちゃんと相談しました。

姉ちゃんは、食べ物ごしらえと後片づけ。

ぼくは、風呂たきと掃除。

と決めました。これは今もずっと続けてしています。

これからもつらいことがいくらでもやって来ると思います。でも、これ以上悪いことはないと思うので、ぼくはがんばります。

*

こんな、最低のお父さんのように見えますけれども、お母さんの生き様《ざま》が、ちゃんとこの二人の子どもを、しっかりした子どもに育てているんですね。

姉ちゃんは、今年中学校を出たら看護婦さんになって、弟はどうしても大学までやってやるんだ、と頑張っているそうです。

お母さんの役割、大きいですね。お母さんのために、何よりもお願い申し上げたいことは、

「子どもが楽しみにして帰っていくお家《うち》を築いていただきたい」

どんな悩みを持って帰っても、再び家を出る時には、新しい生き甲斐《がい》に目を輝かして出て来ることができるような家を、お母さんの責任で築いていただきたい。家庭をいい所にするのは、家族みんなの責任ですが、お母さんにその最高責任がおありになるということでございます。

○（まる）を見る稽古

お母さん方にお願いしたいんですが……、昔の人は、「家庭の婦人は、ただ女であればいいというのでなく、美人でないとあかん」と言っています。

みなさん、今、美人であってくださってる訳ですが、昔の人が〝美人〟と申しましたのは、ただの美人と違う。

〈五徳の美人〉

これを、目に見えるように昔の人が示してくれましたのが……、

〈おかめの面《めん》〉

〝おかめの面〟やそうです。私は、あれ、不器量の見本かと思ってました。あれが美人の見本やそうです。

どこが美人か。

先ず、「口」。可愛い口してますねえ。

〈口〉――板書される――

こんな口やったらええ子が育ってくるでしょう？　ところが、なかなかおかめの口にならん訳です。

八鹿《ようか》の五年生の子が、いつもダラダラと家に帰る子なのに、ある日とんで帰りました。その日九十八点もらったんです。

「お母ちゃん、九十八点もらったでぇ！」

見せましたら、

「お前は慌《あわ》て者だで、こんな簡単なとこ間違ってる。なんで百点とらん！」

腹が立って腹が立って、一ぺんお母ちゃんやりこめたろう思うて、そのつぎ百点もらいました。今日こそは、と飛んで帰って、

「お母ちゃん！　今日は百点やでえ！」

家庭をいい所にするのは、
家族みんなの責任ですが、
お母さんにその最高責任がおありになる
ということでございます。

と言いましたら、

「今日は問題がやすうて、ほかの人もみんな百点やろう」

腹が立って腹が立って、ぼくはローマ字で、〝ＢＡＫＡ・ＢＡＫＡ〟（ばか・ばか）と書いて壁にはりつけました。お母ちゃんは、ローマ字が読めないからです。

（大爆笑）


と言うて日記に書いてありました。

百点とっても「おかめの口」になってくれん。


四年の女の子が、通信簿を見せる場面を書いていました。

「お母ちゃん、ほら、通信簿をもろうて来た」

と言って渡すと、お母ちゃんは受け取って、黙って見てられました。

ほめてもらえるかと待っているのに、〈きっと成績が良かったんでしょう〉何も言われません。

「お母ちゃん、早よう何んとか言うてえ」

するとお母ちゃんは、

「大したことはない」（大笑）

これじゃァやる気消えてしまいます。こういうお母さんがおると、お父ちゃんまでだんだん感化を受けてしまう。

五年生の男の子。

ぼくは、通信簿をもらって見たら、4が二つもついていた。大急ぎで家に帰ってみると、お父ちゃんは庭先で牛の背中をかいていた。

「お父ちゃん！　これ見ィ、通信簿もらったでぇ」

と言うと、お父ちゃんは牛の背中をかきながら、

「あっちへ置いとけ、後で見る」〈我が子より牛の背中のほうが大事〉（笑声）

ぼくはつまらんので、「フゥーン」と言って家の中へ入って入った。

夕食の時、お父ちゃんのおぜんの上へ置いといた。

〈この情けないお父ちゃんでも、お膳の上へ置いといたら、

『お前、4が二つもあるやないかい』

言うてくれるかと期待している子ども心。いじらしいと思いますが……〉

お父ちゃんは見ていたが、

「なんじゃぁー、3が四つもあるじゃないかァ」（大笑）

4のほうは見えんことになっている。

結局、この「口」は、4のほうが見えん「目玉」に関係がある。

〈目〉——板書される——

子どもの値打ちが見えんのですね。○《まる》がみえんのですね。

大人の暮しでも、もう少し○を見る稽古《けいこ》をしようではありませんか。

あまり身近にいてくださるから、みんな粗末に考えているんですけれども、私は、神様とか、仏様というのは、お母さんを通じてこの世に働いてくれているのではないか、そんな風に思われてなりません。

ですから、お母さんのおっぱいなんかでも、お母さんのこしらえたものではない。ちょうど子どもが求めているものを、もう一つの後ろのところから、お母さんを通じて子どものところへ届くように仕向けられているんじゃあないか。

子どものことが、思われて思われてならないというあの思いだって、お母さんのこさえ物であるなら、

〝こんなこと心配しても役に立たん。もう心配するのはやめよう〟

と思ったら、一ぺんにやめになるはずですが、心配しないでおこう、と思えば思うほど、ますます思われて思われてならんのも、お母さんのもう一つ後ろのと

ころから、お母さんを通じて思いが働いているんじゃあないかなあと思いますね。ですから、私は、お父さん方のお集まりには、本当に子どもが可愛いとお考えなら、もっともっと真剣に奥さんを大事にしてくださいよ、と申し上げているんですが、でも、お父さんがあまりいらっしゃらん所でこんなこと申しときますと、お帰りになって、

「今日の先生言いました。もっともっと私を大事にしなさい！」（爆笑）

こんなことになってしまっては、私の希いが逆になりますので……。

よろこびを見る

学習院大学の教授をやっていた清水幾太郎さんが、世界を周って帰って、講演をなさった。

講演の記録読んでましたら、

おじいちゃん、おばあちゃんの時代には、日本は世界で一番礼儀の正しい国やった。ところが、今度世界を周って気が付くことは、日本はアメリカと並んで、礼儀が一番乱れた国やと思う。

ヨーロッパの国々では、知らん国の人間に出会うても、

「おはようございます」

肘《ひじ》がつかえても、

「すみません」

共産主義のソ連でも、お昼を食べに食堂に入ったら、ボーイさんがご馳走運んで来る。お客のほうで、

「ありがとう」

と言う。ボーイさんが、

「どういたしまして」

と言う。一ぺんの食事の間に、何十ぺん、

「ありがとう」「どういたしまして」

が交されるかわからんのに、日本では、そんな言葉は聞けんようになってしまった。

〝本当やなあ〟と思いました。

私は九年間、八鹿で自炊やっとりましたが、夏休みぐらい家から通わしてもらう。家から通うと十五分ほど遅刻するんですが、子どもが休んどるんやからこらえてもらおうと、夏休みだけ家から通わしてもらいました。

お盆過ぎのお客の多い頃、バスがすぐ満員になりましたが、「矢根」という停留所で、六十五、六のおばあさんが乗ってきました。席がございません。私はいつも大きな鞄《かばん》さげとるんですが、

「おばあちゃん、掛けてください。私立ちます」

鞄さげて立ちましたが、おばあさん、横からギューッと尻突き出して腰掛けてくれましたけれど、「ありがとう」ちゅうこと言わんのです。

〝こんなばあさん、代わったらなんだらよかった〟

こんなこと思わなならん校長先生、なっとらん訳ですが、「礼言うてもらわなできんような手伝いなら、やめとけぇ。お駄賃《だちん》もらわなできんような手伝いなら、やめとけッ！」

偉そうに言うくせに、おばあちゃんが、「ありがとう」言うてくれなんだら、〝代わってやらんだったらよかった〟

そんな校長先生なっとらん訳ですが、それでもおばあさん、席代わってもらったら、「ありがとう」ぐらい言うてもよろしいわ。お金が要るんなら倹約《けんやく》せなならりませんが、言うたってタダです。

その代わり、言うてもろたってタダですけれどもね。（大笑）知らん顔して座ってる。癪《しゃく》にさわってなりません。そのばあさん、「寺坂」いう停留所で降りるらしい。立ち上がりまして、横に立っとる私が腰掛けんように、片一方の手で席をギューッと押さえていまして、立っとる私をおしのけて、そのうしろの娘のスカート無理して引っ張って座らせるんです。

その娘見てやったら、ばあさんと一緒に乗って来た娘です。私が席代わったん、

見とったんですから、

「どうぞ、あんた掛けてください」

ぐらい言うてもよろしい。それがまた、〝あったり前〟ちゅう顔をして座っちまう。（大笑）よう似たやつやなあ、と思ったら、もうむかついてむかついてしょうがありません。（笑）

その日終バスで帰りましたが、ばあさんが降りた「寺坂」で、朝のばあさんが乗って来ましたが、

〝今朝のばあさんやな、もうわしは代わらんぞ、代わってやるかい！〟

なんぼなっとらん校長先生でも、「ありがとう」言うてくれたら、また晩に会った時、代わったでしょう。もうばあさんによう代わりませんでした。

あくる日、「鳥居橋」という停留所で、若い美しいお母ちゃんが赤ちゃんを抱っこして乗って来ました。つかまる所がない。グラグラしています。

相手がきれいやったから言うた訳じゃあないんですけれども、（大笑）

「あの、掛けてください。私、立ちます」
と言うて、また鞄さげて立ちましたら、そのお母ちゃんが掛けるよりも先に、六十ぐらいのばあさんが、横からギューッと尻突き出して腰掛けてしまいよった。（笑）

これもまあばあさんだからええわい。それでもこの人にすまなんだなと若いお母さんにお詫《わ》び言うて、一緒に立っていました。

「天神橋」いう停留所で、そのばあさんの横の小父《おじ》さんが降りましたが、にわかに両手で横の席を押《おさ》えて、

「エミ子ォー、エミ子ォー、エミ子ォー」

エミ子言うたら、どんなやつやろ思うてましたら、五年生か六年生ぐらいの女の子が出てきて腰を掛ける。

孫の教育のためにも、

「この赤ちゃん抱っこして困ってる小母さんに代わってあげ」

なんで言うてくれんのか。

〝席、代わってもろくなことはない。もうこれから、わしは席は代わらんッ！〟代わらんことに宗旨《しゅうし》替《が》えした。決意しました。（大笑）

あくる日、また「天神橋」でおばあさんが乗って来ましたが、

〝もうわしは代わらんぞ！　代わったるかい！　代わったってろくなことはない。もうわしは席は代らんことに宗旨替えしたんだ！〟

バスのうしろで頑張っていましたら、ちょうど私の前に腰掛けておりました但《たん》東《とう》中学の安井君子さんという女の先生が、おばあちゃんに席代わりましたらね、

「まあ、すみまへんなあ、あんたしんどいですわなあ、すみません」

言うて代わってもらうんです。こんなこと言うばあさんなら、わしが代わりゃあよかった（大爆笑）思ったんですが、もう手おくれです。それで、

「安井先生、わしは豊岡の塩津で八鹿行きに乗り換えなならん。あんた掛けとくれえ」

言うて、安井先生に代わりましたが、おばあちゃんが私にまで、

「まあ、すみまへんわなあ、すみまへんわなあ」言うて、礼言ってくれる。やっぱり、こりゃ代わらなあかんな思うて、また宗旨替えすることにしたんです。（大爆笑）

ええ年しとっても、たったひと言で、〝なんぼだってやったるぞ！〟いうことになる代わりには、そのひと言がもらえんだけで、〝もうやったるかい！〟

私自身がそうですね。

子どもたちもね、こんなよろこびの言葉ぐらい、タダなんですから、もっとよろこびの言葉を思いきってやろうじゃあありませんか。「お前、しっかりやるようになったなあ」必ず、「やるぞ！」ということになってくるんですよ。そのためには、よろこびが見えなきゃァなりませんね。よろこびを見てやりましょう。

わかってもらう嬉しさ

それから、耳。

おかめの耳は、肩のところへつかえるような耳してますね。これは、

〈耳〉――板書される――

〝もっと聞いてやれ。〟

ということです。聞いてやるということは、わかってやるということです。

〝わかってくれる者のためなら、どんなつらいことでも頑張るぞ！〟

これが人間です。

お母さん方の耳は、男の持つことのできん不思議な耳をお持ちです。言葉を持たん赤ん坊の泣き声を聞き分けてこられた耳。これはまるで仏様ですねえ。

この耳をね、子どもが大きゅうなってもちゃんと使ってくださったら、子どもはみんな、

〝このお母ちゃんがわかってくれるんやから、つらいけど、やるぞ！〟

ということになってくるのに、赤ちゃんの時には泣き声を聞き分けるほどの耳があったのに、それに蓋《ふた》をして……、ちょっと子どもが大きくなると、口とんがらして、口で教育しようとなさる。

五年生の子の日記に、

「ぼくのお母さんのしかり方は、大変おもしろいしかり方です。ぼくにはひとことももものを言わせないで、ペラペラペラと、二十分ぐらい続けて説教します。

まるで、ビルマのたてごとという映画で見た機関銃のようです。（大笑）

〈この機関銃、どんなききめがあるか〉

ぼくはその間、よく聞いているような格好をしとります。（笑）

〈あんまり聞いとらんらしい〉

お母さんはしかってしまうと、いつでも、『わかったかあ』と言います。ぼくは何もわかりませんが、『ハイ』と言うことにしとります。

先生、今日の日記のことは、お母さんに話さんようにしてください」（大笑）

耳に蓋をして、口でやろうとなさるからあかんのですねえ、聞いてください。聞いてやるということは、わかってやるということです。わかってくれたら、どんなつらいことだって……。

田村一二《いちじ》という先生、近江《おうみ》学園にいらっしゃる頃、曽根君という〝火付けの子〟が預けられて来ました。ほかの癖《くせ》なら用心の仕方がありますが、放火癖《ほうかへき》は用心の仕方がございません。

マッチの軸《じく》、数を数えて帳面につけて出し入れなさっても、付けようとすれば、付けるすきはいくらでもありますから、曽根君が入って来て一月《ひとつき》も経つと、先生方が神経衰弱みたいになってしまった。

ところが田村先生、アノ、偉い先生がいるんです。

「あの曽根君を、僕にまかしてくれんか」

「まかしてどうするんか」

「あの子に風呂の責任まかしてみようと思うんや」

「火付けに風呂をまかせる？　そんな危ないことできるかい！」

先生方、大反対だったそうですが、田村先生一生懸命。

「じゃあ、どんな事件が起きても、あんたの責任やぞ！」

と言うので、田村先生の責任に移されたそうです。

それから曽根君が変わりました。

お昼ご飯がすみますと、

「先生ッ、風呂たいてもいいですか？」

まだ早いとは言いかねて、

「ボツボツ用意せんかい」

と仰言《おっしゃ》る。（笑）

お昼休みがすんで、学園の子どもを連れて開墾《かいこん》作業なさっていますと、曽根君がフウフウ言いながらやって来て、

「先生ッ、風呂がわきました。早く入ってください」

まだこれからたくさん仕事をして、夕方帰って入るんだとは言いかねて、

「おーい、みんなたち、すまんけど、早風呂がわいたそうなんや。先生は、風呂へ入ってやって来るからな、仕事やりよってくれんか」

頼んどいて、学校に帰って風呂場に行って蓋取ってみたら、グラグラ煮え立っとる。一生懸命わかしたんでしょう。

「おーい、曽根君、曽根君、卵や卵や」

「先生、卵どうしやはるんですか？」

「ゆで卵や」

「へえ、そんなにわいとりまっか」

一生懸命水運んでくる。

その美しい顔の輝きをごらんになりながら、

「君のようないい子が、なんでこんなとこへ来るようになったんかい」

仰言った時、にわかに涙を浮かべたそうです。

「先生、ぼくはうちのほうの学校で、理科の時間、

〝火というものは、酸素があるから燃えるんや。酸素は新しい空気の中にある。だから、コンロの戸を開けると、新しい空気が入って炭火がおこる。火消し壺《つぼ》は、新しい空気が入らないから火が消える〟

と教わりました。

火というものはそんなもんだったんか。その日ぼくは家に帰って、家のわら小屋で、火ィもやして、蓋しましたら消えました。

『ほんとや、はよう友だちに知らしたろ』

友達の家のほうへ駆けて行ったんですが、遊びに引き入れられて、遊びほうけ

ているうちに気が付いてみたら燃え上がっている。

〝しまった！〟駆けつけた時にはとうとう母屋《おもや》も丸焼け。ぼくがいくら訳を話しても本気にしてくれません。

『恐ろしい子だ。火付けだ』

『あんなやつが近所にいては、安心して寝ることもできん』

村の人がさわぎますので、お父さんはぼくを京都の不良少年の学校に預けました。

ところが京都の先生もぼくを、

『火付けだ。火付けだ』と……。

ぼくはむかついて、『こんな学校、おったるかい！』と脱走しました。行くところがないので村へ帰ったら、

『火付けが帰って来た』

『不良少年の学校、脱走したげな』

『恐ろしいやつが帰って来た』

とさわぎますので、今度はここへ預けられたんですが、ここの先生もやっぱりぼくを、

『火付けだ、火付けだ』……。

マッチの軸まで数を数えて帳面につけたりして……。

『そんなに〝火付けだ、火付けだ〟言うんなら、こんな学校ぐらい本当に燃やしたるぞ』

思うようになった時、ちょうど先生、田村先生がぼくに風呂の責任まかしてくれはったんです。

世界中ぎょうさん人間いるけれど、ぼくをわかってくれるのは田村先生一人だと思ったら、田村先生のおっしゃることやったら、どんなつらいことだって頑張るぞと、ぼく頑張ってるんです」

泣きながら話したそうです。

そうだったのか、そうだったのか。このいい子をもう少しわかってやることがおそかったら、〝本当の火付け〟にしてしまうところであったのに、とつぶやか

ずにおれなかった、と田村先生が聞かしてくれました。

わかってもらうことがどんなに嬉しいことか、わかってもらえないことが、どんなにつらいことか、中学生ぐらいになったらなかなかわかってやることがむずかしゅうございますが、しかし、わかってやりましょう。

そして、何よりも聞いてやりましょう。プスッとしてるやつにも聞いて、たずねてやりましょう。そしてわかってやりましょう。

ふっくら母さんの家族経営

わかってもらったら、「やるぞ」ということになってくれるんですね。わかってみますと、ああそうだったのかと、すすんでやる心のゆとりができて参ります。

これが、おかめの豊かなほっぺた。

〈ほっぺた〉――板書される――

ところがお母さん方、一生懸命になりゃあなるほど、「ギスギス母さん」になる傾向が強い訳ですが、子どもは、「ふっくら母さん」を求めております。

ある新聞社から頼まれて、なんか書いてくれ言うんで、こんなこと書きました。

となりの赤ちゃんの誕生祝いに、紅白のまんじゅうもらいました。

「あなたの家《うち》だったら、どんなに分けられますか」

ちゅう問題出しまして、私が答えておきました。

〝みなさんのお家《うち》〟どんなに分けられますか？　まんじゅう二つ。

あるお家では、白いのはおじいちゃん。紅いのはおばあちゃん。ほかの者は我慢する。

あるお家では、白いのは太郎ちゃん。紅いのは花子ちゃん。ほかの者は我慢する。

おじいちゃんも、おばあちゃんも、子どもたちも寝ちまった。お父ちゃんとお母ちゃんが一つずつというお家。

白いほうを半分わけ、紅いほうも半分わけ、こちらはおじいちゃんとおばあちゃん。こちらは太郎ちゃんと花子ちゃん。お父ちゃんとお母ちゃんは我慢する。

ちょっとややこしいですが、

「おじいちゃんもおばあちゃんも、みーんな集まってくださいよ」

だぁれも顔を合わせて、だぁれもひと切れずつお話し合いしながら食べてくださる。

おじいちゃん、おばあちゃん、一番目の敬老一家に比べたら、もらうのは三分の一ですが、これのほうが嬉しいそうですねえ。

お父ちゃん、お母ちゃん、自分の分、子どもにやったほうがよっぽど胸がすっとしても、やっぱりひと切れはお話ししながら食べてくださる。

欲を言いますと、五番目と同じように見えますが、これを子どもさんにやらしてください。

子どもさんが、おじいちゃんもおばあちゃんも呼んで来て、子どもの手から、「おじいちゃんおあがり、おばあちゃんおあがり、お父ちゃんもおあがり、お母ちゃんもおあがり、花ちゃんもおあがり、ぼくもよばれるよ」

人によろこんでもらうことが、自分のよろこびになるような、そういう子どもを育てていただきたい。

これが、一人ひとりの存在をみな大事にする、「ふっくら母さん」の家族経営というもんだそうですね。

これ、まんじゅうで申しましたが、テレビなんかでもその通り。

私がやめます時、八鹿小学校のお父さん研修会の分科会回っておりましたら、「家《うち》では、子どもがおそうまでテレビを見過ぎんように、何時になったらスイッチを切って、大人も見んことにしてます」

と言うお父さんがあったが、そこまで考えてくれるなら、もう一歩すすめて、「これは、おじいちゃん、おばあちゃんの好きな番組だ。どうぞ見てください。ぼくは勉強する」「これは、お父さん、お母さんの好きな番組だ。どうぞ見てください。ぼく勉強する」

〝大人の犠牲の上にいい気になってるような子ども〟じゃなくて、〝人間大事にする子ども〟育ててもらえんでしょうか。

お願いせずにおれなかったんですが、「ふっくら母さん」は、こんなふうに考えていただきたいですね。

低い鼻がすべての中心

そして、このすべての中心に、低いひくい鼻がある。

〈鼻〉——板書される——

つまずいて倒れても、おでこやほっぺたはすりむいたが、鼻はなんともなかった、というこの低い鼻は、これがすべての中心だということです。

これがどんな役目を持ってるのか。おわかりいただくために、一つお母さんの作文を聞いていただきましょう。

＊

初めて雪が積もった日のこと、四年の国夫は学校から帰るとすぐに、昨日買ってやったばかりのゴムの長靴をはいて外に出ようとしました。

私は、

「勉強すましてからにしなさい」

と何べんも言いましたが、

「友だちと約束したから、ちょっとだけスキーしてくる」

と言って飛び出しました。そのまま夕方になっても帰って来ないので、私は、

〝ほんとうにしようない子だ〟ブツブツ言ってるところへ、服をずぶ濡《ぬ》れにした国夫が帰って来ました。

いつもなら、「面白かった」言いながら入って来るのに、今日はなんだかションボリしています。〝何かあったな？〟と思っているところへ、国夫が、

「お母ちゃん、ぼくが何を言うても怒らへんか」

と言って私を見上げます。〝しおらしいことを言うな？〟と思いながら、

「おこらへんでえ、言うてみな」

と言うと、少しホッとした様子で、

「長靴が破れた」

「えェッ！　昨日買うた、あの新しい長靴が？」

叱らないと言った言葉もどこへやら、

「まあこの子はッ！　あれほど勉強せな行くなと言うたのに、言うことを聞かずに飛び出してしもうた。それに、新しい長靴まで破って来て！」

という訳で、さんざん油を絞《しぼ》ったあげく、

「早よう服を着がえて、勉強してきな！　国語の本を読んでしまうまで、ご飯食べさせへんでえ！」

きびしく言いつけました。

そのまま台所で夕飯の仕度《したく》をしていると、部屋のほうから本を読むらしい国夫の声が聞えはじめました。

〝やんちゃ坊主も、今日は畏《おそ》れ入ったな？〟と私はちょっと機嫌を直して、国夫の朗読を聞くために、そっと襖《ふすま》のかげに立ちました。

ところがあきれたことに、国夫はとんでもない朗読をやっているのでした。

カラスの声にも、お母ァのあほう。

色々言葉があるのですよ。お母ァのあほう。

田んぼでコンコン鳴いている、お母ァのあほう。

くいなは、お母ァのあほう。

人がそばへ行くと、お母ァのあほう。

というように、「、」（点）と、「。」（丸）のところへ、〝お母ァのあほう〟という、合《あ》いの手を入れて、大声でやっているのです。（大爆笑）

私はカッとなりましたが、危うく気持ちを立て直して、考えてみると、

「叱らないから、なんでも言ってごらん」

と言っておきながら、叱ってしまった。

〈ここがありがたい。お母さんカッときたんですが、危うく気持ちを立て直して自分をふり返ってくださったんです〉

静かに襖を開けました。ギョッとしたらしい国夫の様子にも気付かぬふりをよそおって、肩を並べて座りました。

「国夫ちゃん、きばっとるなあ。お母ちゃんも一緒に読ませてよ」

国夫はちょっととまどった格好で私を見返していましたが、やがて、「うん」

と言って、晴れ晴れした声で読みはじめました。

読み終えると国夫は、

「母ちゃん、ぼくが悪かったな、ごめん」

小さい声であやまりました。

「お母ちゃんこそ、叱らん言うといて叱ってしもうて悪かったな」

思わずそう言いながら、私もそっと国夫の肩に手を置きました。

*

あのやんちゃ者が、

「お母ちゃん、ぼくが悪かったな、ごめん」

こんなすなおな言葉が出ずにはおれなくなったのは、〝お母ちゃんの鼻が低うなった時〟ですわ。

「お母ちゃん、ぼくが悪かったな、ごめん」

国夫ちゃんの鼻が低くなったとたんに、お母さんもたまらなくなって、「お母ちゃんこそ、叱らん言うといて叱ってしもうて悪かったなあ」思わずそう言いながらわが子の肩に手を置いて、涙をにじましてくださる、お母さんらしいお母さんに変わってくださる。

家庭に灯を

教育というのは、こんな風にして前へ進んで行くんですね。こういうお母さんがお家《うち》にいてくださる時にはじめて家族という所が、

百千の　灯《ともしび》あらんも
　われを待つ　灯はひとつ

あちらにも、こちらにも、色とりどりの誘惑の灯がどんなにまたたいても、私

を待ってくださる灯の力には及ばんのです。

そんな、私を待ってくださる灯を求めて、まっしぐらに帰って行くことのできるお家を、お母さんの責任で築いていていただきたいんです。家庭にこの灯がない時、これを外に求めはじめるのを、「不良少年、不良少女」という訳でございます。

どうか、家庭に灯を掲げてくださいませ。

子どもだけじゃない。大の男だって家に帰る時には、良いほうを求めて帰りよるんです。それが、ちょっと帰りがおそいと、
「今まで、どこをウロウロしよんなさったんですかッ！　おつゆが冷《つめ》とうなってしもうとんのにッ！」（大笑）
目ェむいたり、歯ァむいたりするようなんしかいませんと、いい人を外に求めはじめる。これが、「不良大人」のはじまり。（笑）
大人だって昔は子どもで、子どものなれの果てですから、おんなじことなんですが……。兵庫県ではこの美人が少のうなりまして、灯が消える夜だけでござい

ます。

だから、不良少年や、不良大人がどんどん増えようとしている訳ですが、どうか因島《いんのしま》は、どこにもこの輝かしい灯が輝きますように、ということを念じたいと思います。

学び合う関係を育てる

長くなりまして申し訳ございませんでしたが、最後に、今の子ども一人ひとり見ますと、みんないい子に見えますのに、それが集団になりますと問題を起こす。これがどんどん増えてる訳ですが、「人間に屑はございません」と申しましたように、みんな友だちには光があるんですが、その仲間から、

「学び合う」――この横のつながり。

悪くなり合う友だちの関係ではなくて、

「立派になり合う」

「磨き合う」

「育ち合う」

「学び合う」

この子どもの関係を、親御《おやご》さんと教師とが手を組んで、そしてこの横のつながりを育てていただきたい。

こんな「学び合う」友だちの関係を、先生方と手をつないで、なんとか育てていただくことをお願いしたいと思います。

長くなりまして、大変ご迷惑をおかけしました。

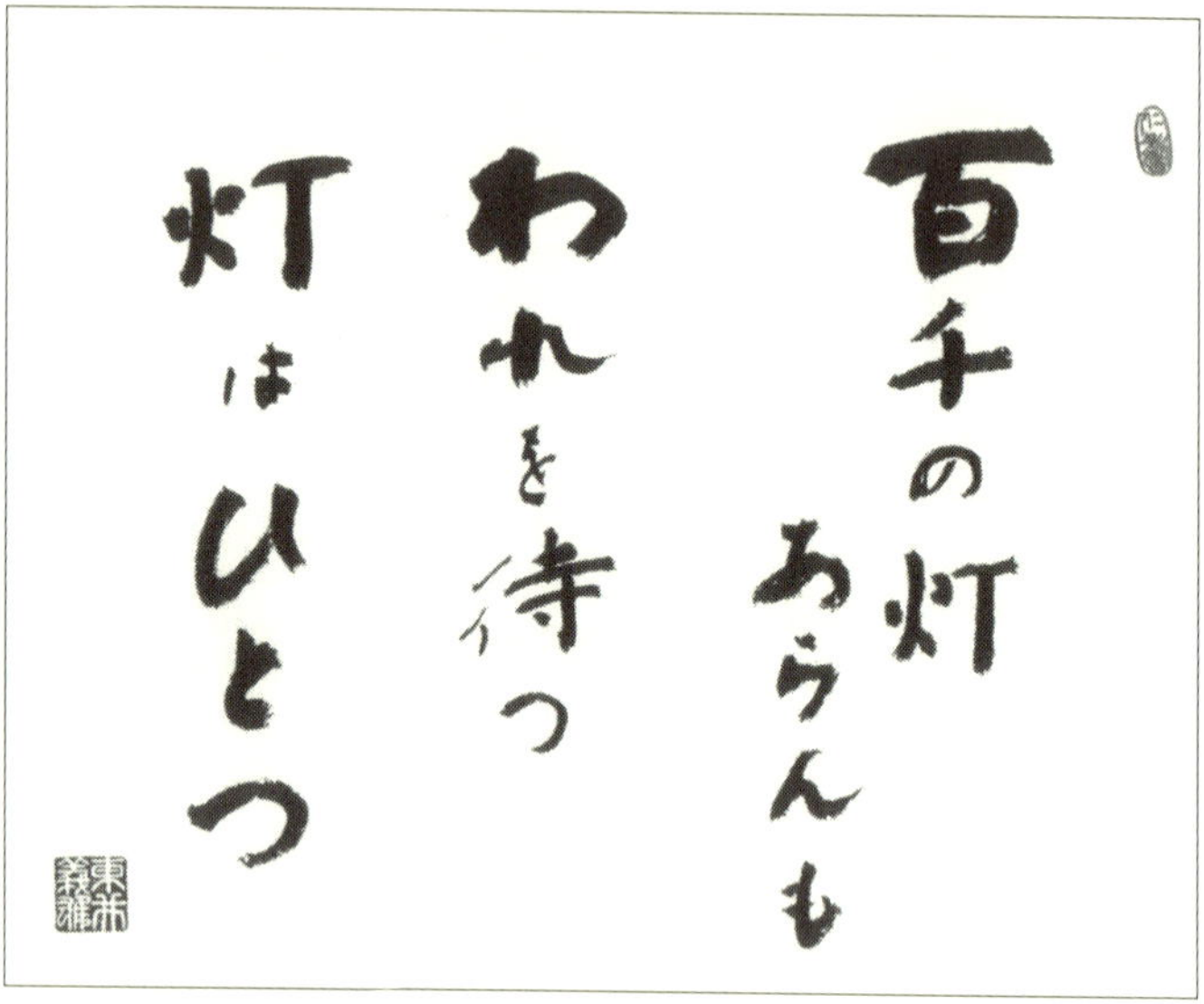
百千の灯あらんも
われを待つ
灯はひとつ

＊本書は昭和四十九年十月二十四日および昭和五十一年十月二十六日に広島県因島市立三庄中学校で行われた講演（『東井義雄先生講話集』ⅢおよびⅤに採録）をもとに編集したものです。
本書の中には、いわゆる差別的とされる表現が含まれておりますが、本講話に流れる先生の息遣いを損なわないために、そのままにしております。

東井義雄先生

〈著者略歴〉

東井義雄（とうい・よしお）

明治45年兵庫県但東町に生まれる。昭和7年姫路師範学校を卒業、豊岡小学校に着任。以後、但東町内の小学校に勤務、32年『村を育てる学力』で反響を呼ぶ。34年但東町の相田小学校校長に就任。中学校長を経て39年八鹿小学校校長に着任。41年より『培其根』を発行。47年定年退職し、兵庫教育大学大学院、姫路学院短期大学講師などを務める。平成3年死去。享年79歳。「平和文化賞」（神戸新聞社）、「教育功労賞」（兵庫県・文部省）、「ペスタロッチ賞」（広島大学）、「正力松太郎賞」（全国青少年教化協議会）などを受賞。

父母と教師はいま何をなすべきか

子どもの心に光を灯す

平成二十五年五月一日第一刷発行

著　者　東井　義雄

発行者　藤尾　秀昭

発行所　致知出版社

〒150-0001 東京都渋谷区神宮前四の二十四の九

TEL（〇三）三七九六―二一一一

印刷・製本　中央精版印刷

落丁・乱丁はお取替え致します。　（検印廃止）

ISBN978-4-88474-997-2 C0095

ホームページ　http://www.chichi.co.jp

Eメール　books@chichi.co.jp

いつの時代にも、仕事にも人生にも真剣に取り組んでいる人はいる。
そういう人たちの心の糧になる雑誌を創ろう――

『致知』の創刊理念です。

私たちも推薦します

稲盛和夫氏　京セラ名誉会長
我が国に有力な経営誌は数々ありますが、その中でも人の心に焦点をあてた編集方針を貫いておられる『致知』は際だっています。

鍵山秀三郎氏　イエローハット創業者
ひたすら美点凝視と真人発掘という高い志を貫いてきた『致知』に、心から声援を送ります。

中條高徳氏　アサヒビール名誉顧問
『致知』の読者は一種のプライドを持っている。これは創刊以来、創る人も読む人も汗を流して営々と築いてきたものである。

渡部昇一氏　上智大学名誉教授
修養によって自分を磨き、自分を高めることが尊いことだ、また大切なことなのだ、という立場を守り、その考え方を広めようとする『致知』に心からなる敬意を捧げます。

武田双雲氏　書道家
『致知』の好きなところは、まず、オンリーワンなところです。編集方針が一貫していて、本当に日本をよくしようと思っている本気度が伝わってくる。“人間”を感じる雑誌。